Alfred Weber

Handschriftliche Studien auf dem Gebiete romanischer Literatur des Mittelalters

I. Untersuchungen über die Vie des anciens Peres

Alfred Weber

Handschriftliche Studien auf dem Gebiete romanischer Literatur des Mittelalters
I. Untersuchungen über die Vie des anciens Peres

ISBN/EAN: 9783743600676

Hergestellt in Europa, USA, Kanada, Australien, Japan

Cover: Foto ©ninafisch / pixelio.de

Weitere Bücher finden Sie auf **www.hansebooks.com**

HANDSCHRIFTLICHE STUDIEN

AUF DEM GEBIETE

ROMANISCHER LITERATUR DES MITTELALTERS

VON

ALFRED WEBER

FRAUENFELD

J HUBER'S BUCHDRUCKEREI

1876

ZUR

VIE DES ANCIENS PÈRES.

EINLEITUNG.

Von der Sammlung altfranzösischer Legenden und Erzählungen, welche in mehreren Handschriften „Vie des anciens pères" betitelt ist, hat Amaury Duval in der „Histoire littéraire de la France par les Bénédictins" vol. XIX p. 858 – 60 eine, wie Tobler mit Recht bemerkt (in der gleich anzuführenden Abhandlung), zu wenig ausführliche Beschreibung gegeben. Duval spricht von mehreren Handschriften, macht aber nur eine namhaft (ms. B. Nat. fr. 1544, anc. 7588). Im 23. Bande der Histoire littéraire behandelt sodann Victor Le Clerc einzelne unserer Sammlung angehörige Erzählungen mit Verweisung auf Handschriften. Mehrere dieser Stücke haben aber bloss ähnlichen Inhalt und gehören einer andern (wahrscheinlich spätern) Redaction an, sind auch zum Theil in Prosa abgefasst, und werden in den letztern Fällen in dieser Untersuchung nicht mitbesprochen werden. Was die Aehnlichkeit unserer Erzählungen mit solchen Gautier's von Coinsy anbetrifft, so spricht Duval (Hist. lit. XIX, 858) die Priorität dem Gautier zu, lässt aber auch für die umgekehrte Hypothese einige Wahrscheinlichkeit offen, indem er bemerkt:

„il en est (des mss. de la vie des anciens pères) qui, par le style, sembleraient remonter jusqu'au XIIième siècle. S'il en était ainsi, ce n'est plus notre poëte anonyme qui serait le plagiaire, mais bien Gautier de Coinsy." Zunächst ist in diesen Worten der Ausdruck Plagiat als unpassend zu beseitigen; denn allem Anschein nach hat weder Gautier den Verfasser unserer Sammlung, noch dieser den Gautier ausgeschrieben. Beide hatten vielmehr ihre besondern lateinischen Quellen.

Poquet in seiner Ausgabe der „Miracles de la Sainte Vierge par Gautier de Coinsy"; Paris 1857, führt einige lateinische Versionen in Prosa an, welche sehr wohl die Quellen für Gautier's Dichtungen abgeben konnten. Auch der Verfasser der „Vie des anciens pères" hat lateinische Prosa in Verse gebracht. So sagt er z. B. (ms. B. Nat. fr. 1546 fol. 114 r° B.):

„Un miracle voil ci retrere
Et de latin en romanz trere,"

und braucht mehrere Male die Ausdrücke metre en romanz, metre en romanz par rime, um seine Dichterarbeit zu bezeichnen. Die lateinische Vorlage war aber nicht stets dieselbe für beide Dichter, wenigstens liegen oft den gleichen Erzählungen bei beiden ganz verschiedene Thatsachen zu Grunde, welche sie schwerlich erfunden haben werden.

Erscheint also die Annahme eines Plagiats von Seiten des einen oder andern wenig begründet, so kann man sich immer noch um das höhere Alter der einen oder andern Dichtung streiten. Eine genaue Untersuchung der Sprache konnte nur theilweise geschehen, da das zur Verfügung stehende Material gering war, und war von dieser Seite kein Aufschluss möglich. Es war nöthig, sich nach andern Indicien umzusehen. Es kommen in mehreren Handschriften der „Vies des pères" jüngeren Datums Stücke Gautier's vermischt vor, während die ältesten Handschriften von dieser Beimischung frei sind. Dies beweist aber natürlich nicht die spätere Entstehung von Gautier's Gedichten, sondern nur die späte Vermischung derselben mit dem Roman des pères, nachdem sie in unabhängiger Redaction lange zuvor hatten bestehen können. Spricht es nur für eine allgemeiner anerkannte Zusammengehörigkeit der Stücke der „Vie des pères", oder darf man auf die Zeit der Abfassung sich beziehende Vermuthungen schöpfen aus dem Umstande, dass in denjenigen Handschriften, in welchen Stücke Gautier's neben denjenigen der „Vie des anciens pères" vorkommen, die letztern immer im Anfang stehen und Gautier's Stücke nachfolgen (so in den Hdschr. B. Nat. fr. 23111, Ars. B. L. fr. 325 in der Berner und Neuenburger Hdschr.)? Eine genaue Bestimmung der Zeit der Abfassung unserer Sammlung vermöge mehrerer zerstreuter Notizen ist nicht wohl möglich. Es hilft uns z. B. nicht, wenn die Dialoge Gregor's einmal als Quelle für eine Erzählung angeführt werden. Es ist damit natürlich der lateinische Text gemeint. Die Erzählung vom escuier, qui ne volt renoier Nostre Dame (Hds. B. fol. 220 v°, A. fol. 108 v° B.) beginnt:

„En France avint, ce m'est avis,
Puis la mort au roi Loeys
Qui fu au siege a Avignon," etc.

Der König, um den es sich hier handelt, ist Louis VIII. Die Belagerung von Avignon und der Tod Louis' VIII fällt ins Jahr 1226. Diese Geschichte gehört aber, sofern unsere Ausführung (unten p. 43) richtig ist, zu einer Erweiterung der ursprünglichen Redaction und diese letztere kann daher geraume Zeit vor diesen Zeitpunkt fallen.

In der zweitnächsten Erzählung nach dieser (bei Tobler
No. 55, A No. 50, B No. 60) heisst es zu Anfang (nach
der Hdschr. B):

"Chi vous recommens en ces vers
Qu'en la contree de Navers
Avint, asses en poi de tens, (A : ce m'est avis, au tens)
Gautiers, arcevesques de Sens,
Qui estoit Cornus apieles,
Deux ans devant estoit sacres," etc.

Gualterus Cornutus ist nach Potthast (Bibl. hist. med. aevi
p. 350) 1241 gestorben. Unsere Erzählung, die letzte
in B und insofern auch in T, als die drei daselbst noch
folgenden Stücke von Gautier de Coinsy sind, ist nicht
viel später entstanden, wie aus den Worten "asses a poi
de tens" und "li miracles est nouviaus" hervorgeht. Viel-
leicht ist die Geschichte und damit die ganze erweiternde
Redaction noch vor 1250 geschrieben worden. Aber wenn
die "Vie des anciens pères" auch in der ursprünglichen
Abfassung nicht älter wäre als Gautier's Gedichte, so
würde sie dadurch nicht viel von ihrem Werthe ein-
büssen. Derselbe ist von Le Grand in der Vorrede zum
fünften Bande seiner "Fabliaux et Contes, Paris 1829"
recht wohl gewürdigt worden. Pag. 10 sagt er: "Quant
au mérite de ces histoires (de la Vie des anciens pères),
elles sont malgré tous leurs défauts, si supérieures à
celles de Coinsy pour l'art de la narration et le choix
des sujets, que j'ai d'abord eu le projet de les distinguer.
Mais à l'éxécution la chose m'a paru impossible. Les
manuscrits du temps qui nous sont parvenus, ayant
été composés, comme tous les recueils de ce genre, selon
le caprice des copistes, ... jamais ils ne s'accordent
sur les pièces qu'ils contiennent. Ainsi tel conte qui se
trouvera dans un manuscrit de "Vies des Pères," se trouvera

également dans un manuscrit de „Miracles," et lorsqu'ils s'agira d'en déterminer l'auteur, on ne saura trop comment se decider". Diese Schwierigkeit ist aber nicht so gross, sofern es sich bloss um Stücke der „Vie des Pères" und Gautier's handelt. Es ist leicht, eine Redaction herzustellen, welche bloss Stücke der „Vie des Pères" enthält (in der Hdschr. des Arsenals B. L. fr. 325 z. B. sind sie von denjenigen Gautier's geschieden); alsdann wird man Stücke, welche mit solchen der „Vie des Pères" gleichen Inhalt haben, als Dichtungen Gautier's ansehen dürfen. Was Poquet in seiner Ausgabe aus dem Manuscript von Soissons abgedruckt hat, wird man wohl mit ziemlicher Sicherheit Alles als von Gautier gedichtet bezeichnen können. Die häufigen, meist sehr geschmacklosen Wortspiele verrathen auf den ersten Blick den Prior von St-Médard.

Was den Verfasser der „Vies des anciens pères" anbetrifft, so ist derselbe bis jetzt anonym geblieben. Er spricht von sich selbst an einer Stelle, welche die Histoire littéraire XIX p. 858 anführt, welche sich aber ausser in Manuscript 1544 nur noch in Manuscript 25440 findet. Auch steht sie, in Versen abgefasst, hinter den Prosastücken der „Vies des Pères", welchen mehrere, gleichfalls nur in diesen zwei Handschriften befindliche Erzählungen (No. 30 und ff.) voraufgehen. Es wird also erlaubt sein, zu zweifeln, ob sich die Stelle wirklich auf die „Vies des Pères", ev. auf die ursprüngliche Redaction derselben bezieht. Auffallend ist sicherlich, dass der Verfasser kein Geistlicher sein soll, da die geistlichen Stoffe so entschieden vorherrschen und geistliche Interessen vom Dichter warm vertheidigt werden (vgl. v. 62 ff. des abgedruckten Gedichts).

Zuerst gedruckt wurde eine „Vie des pères" in Paris bei Vérard 1495, welchen Druck ich nicht zu Gesicht bekommen habe. Mehrere Stücke sind seitdem von Méon veröffentlicht worden in seinem: „Nouveau Recueil de Fabliaux ou Contes, Paris 1823". Leider hat Méon die Handschriften, welche er benützte, nicht namhaft gemacht. Bei der Auswahl der Lesarten für seine Texte liess sich Méon im Wesentlichen nur von seinem Geschmacke leiten. Matile fand eine Handschrift unserer Sammlung in Neuchâtel, druckte eine Erzählung daraus ab in der „Revue Suisse" 1839 p. 297, und gab von den übrigen Stücken die Titel an, was freilich nicht immer genügt, um dieselben mit denjenigen anderer Handschriften zu identificiren. Im Jahre 1840 hat Adalbert von Keller nach der Abschrift des Hrn. Matile zwei andere Stücke herausgegeben unter dem Titel: „Zwei Fabliaux einer Neuenburger Handschrift, Stuttgart 1840". Im 7. Bande des Jahrbuchs für romanische und englische Literatur hat alsdann Tobler eine sehr schätzenswerthe Inhaltsangabe der Handschrift des Hrn. von Steiger-Mai in Bern gegeben, welche gleichfalls unsere Sammlung enthält. Es sind in dieser Arbeit die literarhistorischen Nachweise zu jeder Erzählung gegeben, und wenn diese noch nicht gedruckt war, die Uebersicht des Inhalts In seiner Ausgabe der „Vie de Saint Alexis, Paris 1871" hat Gaston Paris eine andere Handschrift (ms. B. N. fr. 12471, anc. Suppl. fr. 632[3]) analysirt.

In der vorliegenden Arbeit soll ein Ueberblick (der übrigens nicht Anspruch auf Vollständigkeit erhebt) über die Handschriften unserer Sammlung gegeben, ihr Inhalt besprochen, und eine Classification der Handschriften versucht werden. Mit dem letztern Theil der Untersuchung soll für ein specielles Gebiet der Kritik, das in der romanischen

Philologie noch wenig gepflegt ist, ein neues Beispiel gegeben und für eine Herausgabe einzelner interessanterer Stücke vorgearbeitet werden. Daran schliesst sich die Herausgabe einer bis jetzt ungedruckt gebliebenen Erzählung nach den meisten vorliegenden Handschriften.

A. DIE HANDSCHRIFTEN.

I. Die Handschrift des Herrn v. Steiger-Mai in Bern stellen wir an die Spitze, nicht etwa weil sie die älteste wäre, sondern weil sie durch Tobler's Beschreibung allgemeiner bekannt ist und die übrigen Handschriften am besten damit verglichen werden können. Wir bezeichnen sie mit *T*.

II. Die Handschrift fonds français 1546 der Bibliothèque Nationale in Paris, anc. 7588 3. 3 ist im 13. Jahrhundert auf Pergament geschrieben und mit Mignaturen und Initialen zu Anfang der Erzählungen geziert (cf. Catalogue des mss. fr. de la Bibl. Nat. I). Diese Handschrift bezeichne ich mit *A*.

Ich lasse die Titel der 74 in dieser Handschrift enthaltenen Stücke folgen und verweise auf die Berner Handschrift *(T)*. Ich gebe zugleich an, wo die Stücke gedruckt sind (sofern gleiche Redaction ist), betreffs anderer Verweisung sehe man Tobler (l. c.) und Paris (l. c.).

1) Des 2 hermites qui fesoient paniers dont l'un fu deceu par luxure fol. 1 *T*. No. 4.
2) Du juitel qui fu mis el four de voirre fol. 2. — Paris No. 12. Anfang:
   „Qui verges espargne, si het
   Son enfant et si ni le set."

3) Del ermite qui se renoia pour la sarrazine fol. 4 *T* 22. Gedruckt nach der Neuenburger Handschrift bei Keller l. c. No. 1.
4) De celi qui renia dieu pour s'amie et ne volt pas renier Nostre Dame, bei Paris No. 14. Anfang (nach ms.1545):

    „De fol avoir a grant talent
    Qui s'affole a son esciant,
    Et qui son preu ne vuelt entendre,
    Avec les Bretons puet actendre
    Artus, qui jamais ne viendra,
    Honniz soit qui tant actendra."

Eine Bürgersfrau gelobt nach dem Tode ihres Gemahls, sich nicht wieder zu verheirathen. Nichts destoweniger wünscht ein Bürger sie zu freien. Er begibt sich zu einem Juden, der Astronomie verstand, mit der Bitte, ihn in seinen Plänen zu unterstützen. Der Jude verlangt, er solle Gott, die Mutter Gottes und die Heiligen verläugnen. Der Bürger weigert sich. Gerührt von dieser Anhänglichkeit, vollzieht die Mutter Gottes eine Sinnesänderung der Wittwe, während beide in der Kapelle sie anflehen, und führt ihre Heirath herbei.

5) Des copiax que le preudome jeta el ble a son voisin fol. 10 r° *A. T.* 13. unten abgedruckt.
6) De seinte Thays fol. 12 r° B. *T.* 14.
7) De celi qui disoit miserere tui deus. fol. 15 r° B. *T.* 15
8) Du preudome qui laissa s'aumone a fere fol. 17 r° B, bei Paris No. 32.

    Anfang des Prologs:

        „Si come li fu souz l'ecorce,"
der Erzählung:

        „En Egipte fu gardiniers" etc
gedruckt in der „Revue Suisse" 1839 p. 297.

9) Du roi qui volt ardoir le filz a son seneschal fol. 18 r⁰ *A.
T.* 42. Gedruckt bei Méon, N. R. II, 331. Man
vergleiche über diese Erzählung, einen Vorläufer von
Schiller's Gang zum Eisenhammer, Götzinger, Deutsche
Dichter erläutert, 4. Aufl. 1863 I, p. 349 ff. In
der Handschrift 24432 fol. 118 steht dieselbe Erzählung in sechssilbigen Versen bearbeitet.
10) Des 3 chanoines compaignons fol.' 23 r⁰ *A. T.* 43.
11) Du roy qui ala outre mer fol. 23 r⁰ *A.*

Diese Erzählung stimmt mit der 53. bei Tobler nur in Bezug auf den Inhalt. Die letztere ist unzweifelhaft von Gautier von Coincy und gedruckt bei Méon, N. R. II, 1 ff. Ebensowenig wie No. 11 der Handschrift *A* stimmt No. 24 der Handschrift 12471 mit *T.* 53 und dem gedruckten Texte überein, was aber Gaston Paris nicht anzeigt. Die Version unserer Handschrift, welche sich in den meisten Manuscripten der „Vies des pères" vorfindet, liefert also die Mittel an die Hand, die Dichtungsweise Gautier's und unseres anonymen Verfassers am gleichen Gegenstande zu vergleichen. Um die Verschiedenheit von dem von Méon veröffentlichten Texte darzuthun, gebe ich nach *A* den Anfang des Prologs:

„Foux est, qui acroit seur ses piaux.
Tandiz come li geus est biaus,
Doit l'en son cuer batre et plessier
Pour le jeu foïr et lessier" etc.

der Erzählung:

„Ci enpres vous devis un conte,
Estret d'estoire et de miracle.
Certes, que des le tans Eracle
Plus biaus ne fu mes racontes.
Or l'orrez, se vous l'escoutes.

>Jadis en la terre de Rome
>Ot un empereour preudome,
>Bien tint terre et bien justissa,
>Quant que a li se herissa,
>Ci que maintes gens se cremoient,
>Assez plus que il ne l'amoient.
>Une fame ot de bon parage,
>Bone, cortoise et preus et sage" etc.

Anfang in Manuscript 12471:

>„Fols est qui acroit sor ses piaus."

12) Du larron qui se converti fol. 33 r° *A. T.* 28. Gedruckt bei Méon, N. R. II, 302.
13) De la sougretaine fol. 35 r° *A. T.* 38 Méon, N. R. II, 154.
14) Du povre clerc fol. 38 r° *A.* Paris 27.

Anfang des Prologs:

>„Encore ne me puis ge tere,
>De ses cortoisies retrere" etc.

der Erzählung;

>„Jadiz en un vile avoit
>Un povre clerc qui se vivoit
>De ce qu'il pooit pourchacier" etc.

15) De Seint Gerosme fol. 39 r° *B. T.* 41.
16) Du boterel fol. 40 v° *A T.* 17.
17) De celi qui espousa l'ymage de pierre fol. 42 r° *A T.* 54. Méon, N. R. II, 293.

Diese Bearbeitung ist, wie von derjenigen Gautier's von Coincy (Poquet p. 355 und Barbazan-Méon, Fabliaux et Contes 1808 II, 420) auch von einer Version in achtsilbigen Versen im ms. B. Nat. fr. 24432 fol. 315 verschieden, welche beginnt:

>„Or escoutes, ma bonne gent.
>Un miracle qui moult est gent,
>Vous vodrai dire et recorder."

18) Du chevalier qui dut emplir le barillet fol. 45 v° *B. T.* 35

19) Del abaesse qui fu grosse fol. 47 v° B. T. 39. Méon N. R. II, 314.
20) Du provoire qui chanta fol. 50 r° B. — Paris 20. cf. Hist. lit. de la France XXIII, 145.
Anfang:
„Tant grate chievre que mal gist."
21) De cele qui vit sa mere [en] enfer et son pere en paradis fol. 52 r° B. T. 27.
Ein Bruchstück dieser Erzählung ist gedruckt von Reiffenberg im „Bulletin de l'Académie de Bruxelles" t. XIII p. 306 1846, und dasselbe nochmals im „Annuaire de la Bibliothèque de Belgique 1850 vol. XI p. 31 nach einer Brüsseler Handschrift.
22) Du duc Malaquin fol. 55 r° A. T. 29 Méon N. R. II, 279.
23) Du moine qui vit le dyable par-desus le chastel fol. 57 r° B. T. 46.
24) De cele qui mist son enfant desus l'ermite fol. 59 v° A. T. 5, gedruckt von Méon, N. R. II, 129, wahrscheinlich mit Benutzung dieser Handschrift.
25) Del ermite qui ardi ses doiz fol. 61 r° B. T. 6, gedruckt bei Keller, l. c. No. 2.
26) Du crucefiz qui degouta eve et sanc de son coste fol. 63 v°, Paris No. 29. Anfang des Prologs:
„De bons ist li biens par droiture,"
Dieser Anfang geht aus andern Handschriften hervor; ein Initial folgt erst bei den Worten:
„De tous est supellatis
Cest conte que ci vous devis."
Anfang der Erzählung:
„Jadiz avint pres d'Antioche."
27) Del ermite qui fist le sarrazin resusciter par sa proiere fol. 65 r° A. T. 44.

28) Du clerc goulias qui volt rober s'abaie fol. 66 v° B. T. 30. Méon N. R. II, 447.
29) Del ermite qui passa parmi la gueule au dyable fol. 68 v° B. T. 40.
30) Des quatre ermites fol. 69 v" A. T. 45.
31) De la roine qui ocist son seneschal fol. 71 v° A. T. 47. Méon N. R. II, 256.
32) Du prevost d'Aquilee fol. 75 r° B. T. 7. Méon N. R. II, 187.
33) De seint Paulin fol. 77 v° A. T. 25. cf. Romania 1874 p. 168.
34) Du moine qui ravi la recluse fol. 79 v° A. T. 8. Paris 6.
35) Del ermite qui enyvra fol. 82 v° A. T. 9. Méon N. R. II, 173.
36) Du preudome qui raent le fiuz au chevalier fol. 84 v° A, bei Paris 8. cf. Hist lit. XXIII, 152. Anfang:
„Mout est cil povre qui ne voit" etc.
Ein Initial steht erst bei den Worten:
„Autre sermon ne vous fere,
Mais ci enpres vous contere" etc.
37) Del usurier qui se converti fol 86 v° B. T. 10.
38) De la nonain qui manga la fleur du chol fol. 88 v° B. T. 11.
39) Du preudome qui ot le demi ami fol. 89 v° B. T. 16.
40) D'un senateur de Rome fol 92 r° A, bei Paris 21. cf. Hist. lit. XXIII p. 121, Gaston Paris l. c. Gedruckt bei Mèon, N. R. II, 394.
41) Du sougretain de bethleem fol. 94 v° B. T. 12. Méon, N. R. II, 411.
42) Du vilain asnier fol. 97 r° B. T. 26. Gedruckt bei Méon, N. R. II, 236.

Am Rande von fol. 100 r° steht finis, von einer Schrift des XV. Jahrhunderts; wir betrachten nichtsdestoweniger die übrigen Stücke.

43) Del ermite qui sala son pain fol. 100 r° B. T. 31.
44) Del enfant qui juret vileinement fol. 102 r° A.

Ein Knabe hat sich gewöhnt, falsch zu schwören. Sein Vater findet das grösste Vergnügen daran. Eines Tages kommt aber der Teufel, reisst dem Vater das Kind aus den Armen und trägt es in die Hölle.

Anfang des Prologs (nach Handschrift B. N. fr. 23111):

„L'escriture ci nous enseigne
Et monstre, que chacun apraigne
A bien dire et a bien ouvrer," etc.

der Erzählung:

„Saint Grigoire el dialogue
Nos raconte qu'uns hons estoit,
Feme et enfanz, ce cuit, avoit,
Malvesement les enseigna.
I filz ot qui s'acostuma,
A jurer dieu mult laidement" etc.

45) Del anfant qui fianca l'ymage Nostre Dame fol. 103 v° B.

Man will einen jungen Mann mit einer Jungfrau vermählen. Dieser ist aber der Mutter Gottes ergeben und das Bild derselben in einer Kapelle spricht zu ihm, er solle sie zu seiner einzigen Geliebten machen. Der Jüngling bricht sich den Hals und man sieht die Himmelskönigin heruntersteigen, um die Seele ihres Dieners in Empfang zu nehmen.

Anfang (nach der Hdschr. 23111):

„Un miracle briement vos di
Dont j'ai bone matire oï
D'un preudome qui me conta.
I grant sires estoit pieça,
Ne sai s'il fu ou quens ou rois," etc.

46) Des 2 freres dont l'un mena l'autre en enfer fol. 105 v° A.

Eine Parabel. Die zwei Brüder sind cors und ame. Verwandt dem Inhalt nach mit dem Dit du cors et de l'ame, worüber zu vergleichen Paris, Alexius p 210, Tobler, Aniel VII, Stengel, Programm von Marburg 1874. Anfang:

„Un example vous veil retraire,
Pour vous a aucun bien atraire;
De 2 freres vous veil parler,
Einsi come j'oï conter
Icil dui frere ensemble estoient
En un ostel ou il manoient" etc.

47) De la teste qui parla al ermite fol. 107 v° B. *T.* 50.
48) Del escuier qui renoia Dieu et ne volt renoier Nostre Dame fol. 108 v° B.

Ein reicher escuier hat sein Vermögen durchgebracht. Er verspricht seine Seele dem Teufel, wenn dieser ihn wieder reich mache. Bereits hat er Gott und die Heiligen verläugnet, die heilige Jungfrau aber will er nicht verläugnen. Diese verschafft ihm Verzeihung und verheirathet ihn mit einer reichen Dame. Vgl. Hist. lit XIII, 122 le dit du chevalier et de l'escuier. Anfang:

„En France avint, ce m'est avis,
Pus la mort au roi Locys
Qui fu au siege en Avignon,
Ce avint puis que nous diron,
Un escuier estoit mult biaux" etc.

49) Del ermite qui vit issir des 2 cors la bonne ame et la mauvese fol. 110 r° B. *T.* 51.
50) Des 3 freres escuiers qui devinrent larrons fol 111 v° *A. T.* 55. Anfang:

„Or vous commanz le premier vers:
En la contree de Nevers
Avint ce m'est avis, au tens

> Gautier l'arcevesque de Sens,
> Qui estoit Cornus apelez,
> 2 anz devant estoit sacrez" etc.

51) De celi qui fist tranchier son pié que Nostre Dame gueri fol. 112 v° B.

Wahrscheinlich gleichen Inhalts mit einem Stück Gautier's von Coincy ed. Poquet p. 177. Anfang:
> „Un miracle qui est petis,
> Veil que encore soit escris
> En romans, se diex me conseille" etc.

52) Des 2 clerc escoliers qui estoient compaignons fol. 113 v° A. Anfang:
> „Li cuers encore me flaele,
> De dire une miracle belle
> Qui n'est mie longue de dit" etc.

53) Del enfant qui disoit Ave Maria et parla a Nostre Dame fol. 114 r° B.
> „Un miracle veil ci retrere,
> Et de latin en romanz trere
> De madame seinte Marie,
> Qui m'esperance est et m'amie.
> Un borgois fut de grant renom," etc.

54) Del angre qui getoit brandons et Nostre Dame les recevoit. Anfang:
> „Assez puet on trover matire,
> De biau conter et de biau dire,
> Qui sen sauroit bien entremetre;
> Sanz rien oster et sanz rien metre,
> Vous veil de ma Dame conter" etc.

55) Du prestre qui chantoit sa messe en pechie mortel fol. 116 r° B. Anfang:
> „En Engleterre un prestre out ja,
> Qui sovant but et trop manja" etc.

56) D'un hermite qui mist s'ame en plege pour cele au

fevre fol. 117 v° *A. T.* 23. Méon, N. R. II, 427, wahrscheinlich nach unserer Handschrift gedruckt.

57) Du clerc qui disoit „Ave Maria" a genouz fol. 120 r° B. Anfang:

> „Un petit conte vous veil fere,
> Pour ce qu'il est de bone affere,
> Avec les autres sera mis.,
> Un escolier ot a Paris
> Qui menoit vie seculiere" etc.

58) Del anfant que le diable trebucha par la fenestre fol. 121 r° *A.* Anfang:

> „Qui voudroit querre et encerchier
> Les aumaires, et reverser
> La ou li livre encien sont,
> Et a citiax et a lonc pont,
> Et lire es abaïes noires
> Les miracles et les estoires
> Qui sont repostes et cachiees,
> Asses petit sont reversees" etc.

59) De la fame a qui Nostre Dame rendit sa veüe fol. 122 r° *A.*

> „Un novel conte avon apris,
> Que nous avon a fere enpris,
> Et en romanz metre par rime
> Ou consonanz ou leonime" etc.
> „La verite avant en haut;
> Par la priere Mestre Hernaut
> Sera en nostre livre escrit
> Cil miracles et cel biau dit" etc.

60) Du conte qui ne volt gesir a la pucele qui avoit non Marie fol. 123 r° B.

Dem Inhalt nach offenbar verwandt mit einem Stücke Gautier's (Edition Poquet p. 443: Del enfant que le deable vouloit emporter und *T.* No. 21) und mit dem Miracle Nostre Dame d'un enfant, herausgegeben von Keller im Tübinger Doctorenverzeichniss 1864—65, worüber zu vergleichen Tobler Gött. G. A. 1867 Stück 23. Anfang des Prologs:

„Tant ai quis et tant reverchie,
C'un miracle ai trove cachie,
Par poi qui[l] n'a este perduz,
Dont je fusse molt esperduz" etc.

der Erzählung:

„Un quens estoit de grant hautesce
Riche d'avoir et de proesce" etc.

61) Del enfant que Nostre Dame sauva, qui disoit: „Ave Maria" fol. 124 v° B. Anfang:

„Asses puet on trouver et dire;
Mais cil qui n'a bone matire,
A enuis puet chose conter
Qui soit plesant a escouter" etc.

62) Del ermite qui Jehan l'ange porta en purgatoire fol. 125 v° B. Anfang:

„Encor ne me quier reposer
Por rien qu'en me sache opposer,
De grant corteisie retrere" etc.

63) Du vilein que Nostre Dame sauva pour ce qu'il [l]a saluoit fol. 127 r° B. Anfang:

„Encor di ge, que qu'il anuit,
N'est merveille, se le bien fuit
A celui, qui ne veult ouvrer" etc.

64) Del ermite que le dyable conchia du coc et de la geline fol. 128 r° *A. T.* 32. Von mir verglichen.

65) De la fame qui voloit tolir a la mere dieu son enfant fol. 133 r° *A.*

„Ca en arriere a Rome avint,
Un[s] povre[s] hon sa fame tint
Qui estoit a bone maniere,
Et li preudom ert labouriere" etc.

66) Del ermite a qui on aracha ses poriaux en son courtile fol. 134 v° *A. T.* 33.
67) De cele qui ot 3 enfanz de son oncle fol. 136 r° B.
Inhalt: Eine Jungfrau in Deutschland bekommt nacheinander drei Kinder von ihrem Onkel, welche sie alle erdrosselt. Von Gewissensbissen gequält, beschliesst sie, sich zu tödten und verschluckt giftige Spinnen. Als dieses nicht wirkt, holt sie ein Messer und ruft noch einmal die heilige Jungfrau an. Diese eilt schnell herbei, heilt sie und bringt sie dazu, in einem Kloster Busse zu thun. — Eine Geschichte gleichen Inhalts befindet sich in der Handschrift B. N. fr. 24432 anc. N. D. 198 fol. 135 unter dem Titel: De la pecheresse qui estrangla 3 enfans. Anfang in Manuscript 23111:

„Nus n'aime qu'il n'apere bien,
Ne nus ne puet hair por rien
Que ne s'en puisse apercevoir" etc.

Anfang der Erzählung:

„Il avint, si com j'oï dire
En la contree d'Alemaigne,
Qui est une terre lointaigne,
Assez tens fu que ce avint,
Un[s] riche[s] hom son hostel tint
Qui mult a ese se vivoit" etc.

68) Del ermite qui volt prendre le dyable au laz fol. 139 r° *A. T.* 36. Von mir abgeschrieben.
69) De la dame qui disoit chascun jour ses ueures de Nostre Dame et chascune semene ses vigiles de morz fol. 142 r° *A. T.* 24.
70) Titel unleserlich. fol. 144 r° B. *T.* 37.
71) Du moine qui contrefit le dyable plus lait qu'il pot fol. 146 r° *A.* Anfang:

> „Jadiz estoit une abaie
> Moines i ot de sainte vie
> Qui moult volentiers dieu servoient" etc.

72) Del angre qui mena l'ermite au siecle fol. 147 v° B. *T.* 48.
73) Del anfant qui dona al enfant Nostre Dame du pain fol. 151 r° *A.*

Ein Kind findet ein altes, in Vergessenheit gekommenes Bild der Mutter Gottes und des Jesusknaben. Es gibt dem letztern sein Brod und fordert ihn auf zu essen:

> „De ce pain ci pape un petit,
> Petit enfant, ce diex t'aït,
> Je croi que tu muires de faim.
> Un petit pape de mon pain;
> Car c'est bone fouace pure.
> Je voi bien que tu n'en as cure,
> Ce poise moi, se diex m'aït"
> (ms. 23111 fol. 123 r°.)

Da geschieht ein Wunder: der Jesusknabe fängt an zu sprechen und sagt zu dem Kinde, es werde nach drei Tagen bei ihm im Paradiese sein. Das Kind erzählt dies zu Hause und stirbt nach drei Tagen. Das Bild aber wird aus dem Versteck hervorgeholt und zu Ehren gebracht.

Anfang des Prologs (nach ms. 23111):

> „Mal semer fet seur piene dure;
> Car ce n'est mie sa nature,
> Que fruit doie nestre de li" etc.

der Erzählung:

> „Une cite fu bone [et] riche
> Si com(e) li contes nous affiche
> Yglise i ot mult bien fondee" etc.

74) Del ermite a qui diex changa son pain fol. 152 r° B. *T.* 49. In der Bernerhandschrift, sowie in ms. 1039

B. N. fr. fehlt der Prolog. Er ist erhalten in ms. 23111 und 1546 uud beginnt nach letzterer Handschrift:

„Cil qui bien voit et le mal prent,
C'est a bon droit, sil s'en repent.
Nous somes a biau tens venu,
Si somes mort et deceu" etc.

III. Die Handschrift Bibl. Nat. fr. 1039, anc. 7331[3] in gross Octav, mit Mignaturen zu Anfang der Erzählungen, auf Pergament geschrieben. Auch diese Handschrift gehört noch dem XIII. Jahrhundert an, wie der Catalogue des manuscrits français I. besagt. Auf fol. 157 v° steht von einer Hand des XV. Jahrhunderts:

„En l'an mil quatre cent et huit
J[eh]an Sacquespee conchut,
De faire d'argent cest escu
Pour ce qu'en cel an maires fu."

Ich führe diese Stelle, welche uns vermuthlich einen einstigen Besitzer der Handschrift nennt, um so eher an, als damit ein neuer Beleg für den richtigen Namen des Verfassers vom Roman du Châtelain de Coucy et de la dame de Fayel gegeben ist (cf. Bulletin du Bouquiniste 1858).

Diese Handschrift, welche ich mit *B* bezeichne, enthält folgende 60 Stücke:

1) De 2 hermites ki faisoient paniers fol. 1, *T*. 4.
2) Del juis ki jeta son fil el four fol. 4. *A* 2.
3) Del ermite qui ama une sarrazine fol. 7. *T*. 22.
4) De celui qui renia dieu pour avoir la bourgoise fol. 11. *A*. 4.
5) Del preudom ki trova les coibiaus ensemble fol. 15. *T*. 13.
6) C'est chi de la damoisele ki ot non Tays fol. 19. *T*. 14.
7) De celui ki tous les jours disoit miserere tui deus fol. 24. *T*. 15.

8) De celui ki donoit la moitie de son gaaing pour dieu fol. 27. *A.* 8.
9) Titel verwischt. fol. 29. *T.* 42.
10) Des 3 canoines ki devinrent renclus fol. 37. *T.* 43.
11) Del frere l'empereur ki ama sa serorge fol. 46. *A.* 11 (verschieden von *T.* 53, s. oben p. 9).
12) Del ermite qui se brisa le col fol. 52 v° *T.* 28.
13) De la sougretaine ki s'en ala avec un home fol. 56. *T.* 38.
14) C'est chi del clerc ki toz jors disoit Ave Maria fol. 60 v° = *A.* 14.
15) Del deable ki se croupoit sor la kewe a la bourgoise fol. 62 v° *T.* 41.
16) De celui qui li boteriaus pendoit a la levre fol. 65. *T.* 17.
17) De celui qui espousa l'image de pierre fol. 68. *T.* 54.
18) De celui ki empli le barillet fol. 73 v° *T.* 35.
19) Del abeesse qui fu grosse [de] son [s]ergant fol. 76 v° *T.* 39.
20) Du prestre ki fit fornicacion la veille del noel fol. 80 v°. *A.* 20.
21) De celui ki vit son pere en paradis et se mere en enfer fol. 83 v°. *T.* 27.
22) Del hermite ki caupa se langue fol. 88. *T.* 29.
23) Du moine blanc ki vit le deable sour le castel as usuriers fol. 91 v° *T.* 46.
24) Del hermite ki resuscita le sarrazin mort fol. 95 v° *T.* 44.
25) Du clerc qui ot [non] bouchefrite, qui voloit rober s'abeie fol. 98. *T.* 30.
26) Des 4 renclus dont li colons lecha le pain as joenes fol. 101. *T.* 45.
27) De la roine ki tua le seneschal et fist ardoir sa cousine fol. 104. *T.* 47.
28) De cele qui se faisoit grosse del hermite fol. 110. *T.* 5.

29) De celi ki vout faire l'ermite gesir a li fol. 112 v° *T*. 6.
30) Del hermite ki queroit son pareill fol. 116 v° *T*. 7.
31) De saint Paulin le bon evesque fol. 120. *T*. 25.
32) Del moine noir ki enmena la rencluse fol. 123 v° *T*. 8.
33) Del hermite ki tua son compere et jut a se comere fol. 128. *T*. 9.
34) Del moine blanc qui raient le fill au chevalier del usurier fol. 131 v° *A*. 36.
35) Del userier qui fu mis en le huche as culœvres fol. 135. *T*. 10.
36) De la nonain ki manga la fleur del col fol. 138 v° *T*. 11.
37) Du fill au bourgois qui assaia les amis fol. 140. *T*. 16.
38) De la borgoise ki ot un enfant de son fill fol. 143 v° *A*. 40.
39) C'est del moine ki contrefist le deable fol. 148 *T*. 12.
40) C'est de Merlin et de Merlot fol. 152. *T*. 26. Auf fol. 157 steht: explicit la vie des peres Guido me scripsit, cum Christo vivere possit.
41) C'est del hermite qui passa parmi le gheule al anemi fol. 158. *T*. 40.
42) Del juis qui feri le crucefis de lance et il saingna durement fol. 159. *A*. 26.
43) Del ermite qui sala son pain fol. 162. *T*. 31.
44) Del ermite que li deables cunchia du coc et de la gheline fol. 162. *T*. 32.
45) De Nostre Dame qui sauva l'enfant qui estoit perdus fol. 173. *A*. 65.
46) Del ermite cui on esracha les poriaus fol. 175 v° *T*. 33.
47) De Nostre Dame qui gari cheli qui avoit mengiet les 3 yraignes fol. 178 = *A*. 67.
48) D'un hermite que li deables conchia fol. 185. *T*. 36.
49) De chelui qui vit Nostre Dame el praelet fol. 190 v° *T*. 24.

50) Del ermite qui porta le sachet as larrons qui l'avoient reube fol. 194 v° *T.* 37.
51) Del moigne qui chaoit que l'ymage Nostre Dame rechieut fol. 198. *A.* 71.
52) Del ermite qui s'acompaigna al angele fol. 201. *T.* 48.
53) Del enfant qui passoit l'ymage (?) fol. 206 v° *A.* 73.
54) Del ermite qui se converti a son sermon fol. 208. *T.* 49.
55) Del enfant qui baisa la main Nostre Dame fol. 211 v° *A.* 45.
56) Des 2 freres qui durent aler a la boine cite fol. 215. *A.* 46.
57) De la tiesta qui parla fol. 218 v° *T.* 50.
58) Del escuier qui ne volt renoier Nostre Dame fol. 220 v° *A.* 48.
59) De celui qui vit partir la boine ame et la mauvaise du cors fol. 222 v° *T.* 51.
60) De chelui qui ne pot morir devant qu'il fu confies fol 225. *T.* 55.

IV. Die Handschrift B. N. fr. 23111, anc. Sorbonne 309 ist in Folio, zu zwei Colonnen, und mag an der Grenze des XIII. und XIV. Jahrhunderts geschrieben worden sein. Die Handschrift enthält 329 Pergamentblätter und beginnt gleich mit unserer „Vie des pères en vers", welche mit der „Vie des pères en prose" 200 Blätter füllt. Der Erzählungen in Versen sind 53, nämlich:

1) D'un hermite que une feme decut, si que il ot compaignie a li fol. 1 r° *T.* 4.
2) De la damoisele qui mist sus al ermite qu'il l'avoit engroissie fol. 3 r° *A. T.* 5.
3) Del ermite qui ardi sa main que la feme volt engignier fol. 5 r° *A T.* 6.
4) Ci comence de St. Paulin fol. 7 v° B. *T.* 25.
5) Del ermite qui retorna sa niece de pechie fol. 10 r° *A.T.* 8.

6) Del hermite qui renoia dieu pour la sarraziue fol. 13 v° *A. T.* 22.
7) Du borgois qui ne volt renoier Nostre Dame pour avoir s'amie fol. 16 v° B = *A.* 4.
8) De celui qui trova la fontaine dont li ruissaus aloit contremont fol. 20 r° B. *T.* 13.
9) D'une damoisele qui ot a non Thays fol. 23 r° *A. T.* 14.
10) Del ermite qui disoit miserere tui deus fol. 27 r° *A. T.* 15.
11) Del ermite qui passa parmi la gueule al anemi fol. 29 v° *A. T.* 40.
12) Du provoire qui fist fornicacion la veille de Noel fol. 30 v° *A* = *A.* 20.
13) Del ermite qui coupe sa langue fol. 33 r° *A. T.* 29.
14) Del moine a qui dieu prist l'oiste en la main, quant il dut fere le sacrement fol. 35 v° B. *T.* 30.
15) De la roine que Nostre Dame delivra que ele ne fust arse por l'omicide qu'ele avoit fet fol. 38 v° *A. T.* 47.
16) Del hermite qui requist a Nostre Seigneur que il li demostrast qui seroit son pareil en l'autre siecle fol. 42 v° B. *T.* 7.
17) Del hermite qui enferma un usurier en un cofre fol. 45 v° B. *T.* 10.
18) Du preudome qui chastia son filz qui despendoit trop largement fol. 48 r° B. *T.* 16.
19) Du vilain qui devint riche et puis povre fol. 51 r° B. *T* 26.
20) Du moine qui contrefist l'ymage du deable qui s'en corouca fol. 55 r° B. *T.* 12.
21) Du marcheant qui devint moines por saver s'ame fol. 58 r° B = *A.* 36
22) Del hermite qui fist 3 pechiez mortex fol 61 r° *A. T.* 9.
23) Du proudome que le deable ne pot decevoir por ce que il disoit ceste oroison fol. 63 v° *A.* Anfang:

„Pour ce qu'oiseuse est mort a l'ame,
En aucun dit de Nostre Dame
Aucune foiz despent ma cure" etc.

Herausgegeben von Poquet, Miracles de la Sainte Vierge par Gautier de Coincy, Paris 1857 p. 523: Du riche homme a cui le deable servi por VII anz por lui decevoir. In der Neuenburger Hdschr. No. 50.

24) Du clerc qui disoit l'intemerata qui li plesoit fol 66 r° *A*, herausgegeben von Poquet p. 363 unter dem Titel: Du clerc a qui on trouva une rose en la bouche.

25) D'un provoire qui trouva le boterel en son calice fol. 68 r° *A*. Anfang:

„En escrit truis qu'il ot vers Sens
Un provoire si hors du sens,
Qu'un tout seul jour n'entrelessast,
Qu'en luxure ne se boutast" etc.

26) De St-Gerome qui vit le deable sur la queue a la borgoise fol. 69 r° B. *T.* 41.

Dieser Erzählung geht ein Lob der Frauen voraus, das möglicherweise von Gautier de Coincy ist. Ich habe die Stelle bei Poquet aber nicht gefunden. Anfang fol. 68 v° B:

„Por Dieu vos pri, vos bones dames,
Ne vos poist pas, se foles fames
Un petitet ai ci blameet" etc.

Schluss:

„Clerc, qui en tel borbe s'emborbe,
El puis d'enfer, en l'orde borbe
Plongiez, emborbetez sera,
Toz jors con pos borbetera
Qui est trop plain, quant est au feu;
Dieu nos gart touz de ce mal leu."

27) Des juis qui ferirent le crucefiz de la lance qui seigna fol. 71 v° B = *A*. 26.

28) De celui que le boterel prist a la levre por son pere, que il lessoit avoir mesaise fol. 73 r° B. *T.* 17.
29) Du borgois de Rome qui espousa l'ymage de pierre fol. 75 v° *T.* 54.
30) Du vilain qui se repenti de s'aumoine fol. 79 v° B = *A.* 8.
31) Du roi qui volt fere ardoir le filz de son seneschal fol. 81 r° B. *T.* 42.
32) Des 3 compagnons dont li un[s] se rendi en la blanche abeïe, et li autres en la noire montagne et le tierz a Besancon fol. 87 v° B *T.* 43.
33) De celui qui ne pot emplir le barillet d'iave fol. 94 v° B. *T.* 35.
34) Du moine qui vit le deable seur la porte du chastel fol. 97 r° *A. T.* 46.
35) Del hermite qui resuscita le sarrazin fol. 100 r° *A. T.* 44.
36) Des 4 compaignons dont li dui estoient viellart et li ange lechoit leur viande fol. 102 r° B. *T.* 45.
37) Del ermite qui sala son pain fol. 104 v° B. *T.* 31
38) Le despit du monde fol. 107 r° = *A.* No. 44: Del enfant qui juret vilainement. Die lange Moralisation zu Anfang des Stückes ist wohl Ursache obigen Titels.
39) Del ermite que le deable conchia du coc et de la geline fol. 110 r° B. *T.* 32.
40) Del ermite a qui le vilain esracha ses poriax fol. 116 v° B. *T.* 33.
41) Del ermite qui s'acompaigna al ange fol. 119 r° *A. T.* 48.
42) Titel am Rand: Del enfant qui dona al enfant N. D. du pain fol 123 r° *A* = *A.* 73.
43) Del ermite qui se converti au sermon fol. 124 v₀. Titel erst vor Vers 23. *T.* 49.
44) Des 2 freres qui durent aler a la bone cite fol. 127 r° *A* = *A.* 46.

45) De la teste qui parla fol. 130 r° *A. T.* 50.
46) Del escuier qui ne volt renoier Nostre Dame fol. 131 r° *A* = *A*. 48.
47) Del ermite qui vit la bone ame et la malvese issir de leur cors fol. 133 r° B. *T.* 51.
48) Del escuier qui ne pot morir jusqu'a tant que il ot este confes fol. 135 r° *A. T.* 55.
49) Du preudome qui ot la fole feme fol. 136 v° *A. T.* 27.
50) De la dame qui menga les 3 yraignes fol. 140 r° B = *A*. 67.
51) De Nostre Dame qui vint el prael ou la dame estoit fol. 145 v° B. *T.* 24.
52) Del ermite qui porta apres les larrons le sac, par quoi il se convertirent fol. 148 v° B. *T.* 37.
53) Del enfant qui besa la inain Nostre Dame = *A*. 45.

Die übrigen Stücke dieser Handschrift sind grossentheils Gedichte Gautier's von Coincy. Ich erwähne bloss noch die Geschichte: Del empereri qui garda sa chastee par mout temptations fol. 253 v° B, weil gleicher Redaction mit No. 53 bei Tobler. Méon N. R. II, 1 hat nicht unsere Handschrift abgedruckt, wenigstens nicht einzig benutzt. Diese Handschrift soll mit *C* bezeichnet werden.

V. Die Handschrift der Arsenalbibliothek in Paris No. 325 B. L. fr., Contes dévots betitelt, ist beschrieben von Fr. Michel in seiner Ausgabe des „Roman du Comte de Poitiers" Paris 1839 p. V. Michel hat aber mehrere Male zwei Titel für dieselbe Erzählung angegeben, oder auch gar keine, sodass ich nicht anstehe, nochmals die Stücke in genauer Aufeinanderfolge namhaft zu machen. Diese Handschrift soll mit *D* bezeichnet werden.

1) Titel verwischt fol. 1 r° *A* = *T*. 4.
2) Ch'est d'un juisot ki le jour de pasques s'acumenia aweuc les enfans des crestiens fol. 2 v° B = *A*. 2.

3) D'un hiermite ki s'en ala apries une sarrazine fol. 4 v° *T.* 22.
4) Dou prodome ki ne volt renoier la mere diu pour feme avoir fol. 7 v° *A. T.* 7.
5) C'est uns miracles del prodome ki osta les coispiaus huers de son ble et metoit en l'autrui fol. 10 r° B. *T.* 13.
6) Ch'est de Thaisse la fole fol. 12 v° B. *T.* 14.
7) De celui ki dist miserere tui deus fol. 16 r° *A. T.* 15.
8) D'un vilain ki donoit le moitier de sa gaigne por diu et puis s'en repenti fol 18 r° B = *A.* 8.
9) Don fil au seneschal fol. 19 v° *A. T.* 42.
10) D'une dame ki ot un diable sor sa ceue et un autre sor sen muelekin fol. 24 v° B. *T.* 41.
11) De juis ki ferirent un crucefis d'une lance et saus en issi fol. 26 r° B = *A.* 26.
12) D'un hiermite ki volt savoir coment on vivoit au siecle fol. 28 r° *A. T.* 7.
13) Del evesque qui s'enprisona pour les chaitis rachater fol. 30 r° B. *T.* 25.
14) Del hiermite ki ala querre se niece au monde fol. 32 v° B. *T.* 8.
15) D'un saint hiermite cui li diables cuida faire issir dou sens fol. 35 v° *A. T.* 9.
16) D'un marcheant ki se rendi en une abaie et racata un home fol. 37 v° B = *A.* 36.
17) D'un vilain ki maria sa fille fol. 39 v° *A. T.* 10.
18) D'une abeese ki manga le chol fol. 41 v° B. *T.* 11.
19) Li chastoiement du pere et dou fil fol 42 v° B. *T.* 16.
20) De la mere de celi ki ot un enfant de son fil fol. 45 r° *A* = *A.* 40.
21) D'un moine ki une bone dame mist a peciet par son malisce fol. 47 v° *A* = *T.* 12.

22) D'un vilain ki tout dona le sien et puis en ot grant disete fol. 50 r° B. *T.* 17.
23) D'un vallet ki esposa une ymage de pierre fol. 52 r° *A. T.* 54.
24) Des clers ki se rendirent en religion fol. 54 v° *A. T.* 43.
25) Kein Titel. Hier befindet sich wahrscheinlich eine Erzählung = *A.* 14. Den Anfangsvers fand ich nicht, wohl aber die das Ave enthaltenden Strophen:
„Ave virgine Marie
Qui la flour aportas" etc.
26) Dou chevalier au barisiel fol. 61 r° *A. T.* 35.
27) D'une abeese ki [fu] delivre d'un enfant par la proiiere de la mere diu fol. 62 v° B. *T.* 39.
28) D'un saint hiermite ki fu temptes de luxure fol. 65 v° B. *T.* 29.
29) D'une feme a un empereour ki fu savee de sa bonte fol. 68 r *A* = *A.* 11.
30) D'un saint hiermite ki converti un robeur et mordriier fol. 72 r' *A. T.* 28.
31) De la nonain ki ala au siecle et revint en sa maison par miracle fol. 74 r° B. *T.* 38.
32) D'un priestre ki ne volt mie celebrer, de ci adout quil fust confeses fol. 77. v° *A.* = *A.* 20.
33) De celi ki fu 3 jours sour terre, aucois que on le peuist enfouir fol. 79 v° *A. T.* 27.
34) D'un chaitif vilain ki cascun jor aloit au bois fol. 82 r° *T.* 26.
35) Del moine ki ala veoir sa mere a le vile et il vit un dyable a la porte du chastiel fol. 85 v° *A. T.* 46.
36) D'un sarrasin ki fu sauves apries par la prouere d'un saint home fol. 87 v° B. *T.* 44.
37) D'un moine ki desroba s'abeie fol. 89 v° *A. T.* 30.

38) Des 4 hiermites dont li un estoient maigre et li autre cras fol. 91 r° B. T. 45.
39) D'un roi d'Egipte ki se rendi en un hermitage fol. 93 r· B. T. 47.
40) D'un saint hiermite ki fu batus a tort fol. 97 r A. T. 5.
41) D'un saint home ki fu moult justes envers diu fol. 98 v" A. T. 6.

Die folgenden Stücke sind von Gautier de Coincy:

Fol. 100 v·. Prolog.
„A la loenge et a la gloire"
Poquet p. 5.

Fol. 103 r' A.
„Amours ki bien set encanter"
Poquet p. 13.

Fol. 106 r° A. Ch'est de Theofilun. Poquet p. 29.

Fol. 117 v· A.
„Miserere mei deus
Car longement me sui teus"
findet sich ferner in der Handschrift 23111 fol. 238 r" B.

Fol. 136 r° A.
„Se pres de moi vous voles traire
Je vous vaurrai dire et retraire
Une avision moult piteuse"
Poquet p. 333.

Fol. 137 v° A. D'un larron ke la mere diu sauva la vie. Poquet p. 501 und Méon, N. R. II, 443 (nach einer andern Handschrift).

Fol. 138 r· B. D'un prieus ki apries sa mort revint en s'abeie. Poquet p. 489.

Fol. 139 r· B. Ch'est uns miracles moult biaus de la mere au roi de paradis. Poquet p. 493.

Fol. 140 v° B. C'est uns miracles d'un juis ki se fist crestiener. Poquet p. 505.

Fol. 142 r° B. C'est uns miracles de N. D. Poquet p. 275.

Fol. 143 v⁰.
>„Entendes tuit et clerc et lai
>Conter vous vuel sans une delai
>Un miracle que fist en mer
>Cele que tant devons amer"

Poquet p. 517.

Fol. 144 v⁰ B. C'est uns moult biaus miracles de nostre dame sainte Marie. Poquet p. 303

Fol. 146 v⁰ B. D'un vilain ki ne doutoit escumeniement. Poquet p. 575.

Fol. 150 v⁰ A. D'un prodom ki le sien donoit volentiers pour diu. Poquet p. 523 = C. No. 23.

Fol. 152 v⁰ A. D'un clerc ki ne voloit a bien entendre. Poquet p. 363.

Fol. 154 v⁰ A. C'est d'un prieus ki fu sauves par la proiere saint Pierre. Poquet p. 455 und Méon, N. R. II, 139.

Fol. 155 v⁰ B. C'est la vie saint Gregoire ki fu apostorles de Rome. Von mir collationirt, sowie vier andere Handschriften der Gregor-Legende.

Fol. 169 v" B. Ci endroit commence del Conte de Poitiers, ed. Fr. Michel, Paris 1839.

Fol. 179 v A.
>„D'un moine vous dirai la vie,
>Soucretains fu d'une abeie,
>Et enama une borgoise,
>Qui moult estoit preus et cortoise."

Barbazan-Méon, Fabliaux et Contes des poëtes français 1808 vol. I, 242 und Legrand d'Aussy, Fabliaux et Contes, Paris 1827 t. IV, p. 1 im Anhang.

Fol. 182 r⁰ B. Eine Passion. Anfang:
>„Oies moi trestot doucement,
>Que n'i ait mot de parlement.
>La passion Dieu en entendes."

Diese Handschrift ist unter den von Poquet p. XX der Einleitung seiner Ausgabe verzeichneten Handschriften von Gautier's Gedichten nicht aufgeführt. Ich erwähne ferner ms. B. N. fr. 1536 anc. 7583^5, 2193 anc. 7998^2 (cf. Brakelmann, in Herrig's Archiv 42, p. 70), 19166 anc. St-Germain 1672 (citirt von Le Roux de Lincy, Roman des sept sages, Einleitung), die Berner Handschrift (T). Auch die Neuenburger Handschrift zählt hieher zufolge der Beschreibung in der „Revue Suisse" 1839 p. 246; ist die von Wackernagel afr. Lieder p. 184 angeführte die nämliche?

VI. Die Handschrift der Bibliothèque Nationale fr. 1544, anc. 7588 auf Velin, mit Mignaturen, in Quart, XIII. Jahrhundert (Catal. I), bezeichne ich mit *E*. Sie enthält bloss 36 Stücke, worunter einige, die von den oben erwähnten gänzlich verschieden sind. Ich gebe bloss die Titel der letztern an. Die Verweisungen auf Manuscript 1039 anc. 7331^3, welche in die Handschrift hineingeschrieben sind, sind ungenau.

1) Fol. 1 v^0 B = *T*. 4.
2) Fol. 3 v^0 B = *A*. 2.
3) Fol. 6 r^0 B = *T*. 5.
4) Fol. 8 v^0 B = *A*. 8.
5) Fol. 10 v^0 *A* = *T*. 6.
6) Fol. 13 v^0 *A* = *A*. 20.
7) Fol 16 r^0 B = *T*. 7.
8) Fol. 19 v^0 (ohne Titel) = *T*. 22.
9) Fol. 21 v^0 B = *A*. 4.
10) Fol. 25 r^0 B = *T*. 13.
11) Fol. 28 v^0 (Titel erst fol. 29 r^0 *A*) = *A*. 26.
12) Fol. 30 r^0 *A* = *T*. 14.
13) Fol. 34 v^0 B (Titel erst fol. 35) = *T*. 41.

14) Fol. 37 r⁰ $A = T.$ 15.
15) Fol. 39 v⁰ $A = T.$ 16.
16) Fol. 42 v⁰ $B = T.$ 40.
17) Fol. 44 r⁰ $A = A.$ 40.
18) Fol. 77 v⁰ $B = T.$ 54.
19) Fol. 52 r⁰ $B = T.$ 26.
20) Fol. 57 v⁰ $A = A.$ 11.
21) Fol. 62 v⁰ $B = T.$ 28.
22) Fol. 65 v $= T.$ 27.
23) Fol. 69 r⁰ $A = T.$ 39.
24) Fol. 72 v⁰ $B = T.$ 29.
25) Fol. 75 v⁰ $B = T.$ 46.
26) Fol. 79 r⁰ $A = T.$ 44.
27) Fol. 81 r⁰ $B = T.$ 30.
28) Fol. 83 v⁰ $A = T.$ 45.
29) Fol. 86 r⁰ $B = T.$ 47.
30) D'un saint preudome arcevesque c'om appelloit Hyldefonse, a qui N. D. apparust fol. 91 r⁰ A, verschieden von Gautier's Gedicht (Poquet p. 77).
„Ce nous raconte l'escriture,
Qu'a Toullette en Estrameüre
Un sains arcevesques manoit,
Qui Hyldefons nommes estoit" etc.
31) D'un clerc, a qui N. D. aparust fol. 92 r⁰ $A.$
„Un[s] malades estoit greves,
Et jusques a sa fin menes,
De sa sante rien n'esperoit" etc.
Fragment.
32) De 2 freres qui estoient de la cite de Rome fol. 91 v⁰ $A.$ Inhalt der gleiche wie bei Poquet p. 593. Anfang:
„Seignours, a Rome la cite,
Qui est de grant autorite,
Avoit 2 freres moult vaillans" etc.

33) Del hermite qui obey al ennemy d'enfer par grant crainte fol. 92 v⁰ B. Prolog = *T*. 9. Der Rest in Prosa.
34) Du clerc mort, que la mere dieu fist desterrer pour le metre en terre sainte fol. 95 r⁰ *A*. 72 Verse.
> „Li escript (ra)conte de ver(i)te
> Qu'il (y) avoit en une cite
> Un varlet, bien joune d'aage,
> Qui moult ligier eust le courage" etc.

35) D'un chevalier, a qui l'ermite donna en penitance d'emplir un petit barillet de ses lermes fol. 95 v" *A*. In Prosa.
36) Du riche varlet, a qui le crappoust sally a la sienne propre bouche fol. 97 v⁰ B. Anfang:
> „Qui son pere et sa mere honoirre,
> Dieu li pardoune en poy d'heure,
> Et qui au besoingne leur vault,
> Grace et honeur ef bien ly fault."

Rest in Prosa.

Fol. 98 v⁰ B. Ci fine la sainte vie des enciens peres.

VII. Die Handschrift B. N. fr. 25440, anc. La Vallière 89, „Recueil de Fabliaux" betitelt, Manuscript auf Velin, XIV. Jahrhundert, in klein Quart, 290 (oder 291?) Blätter in einer Colonne, mit drolligen Mignaturen zu Anfang, soll mit *F* bezeichnet werden. Die Handschrift enthält ganz genau die gleichen Stücke, uud nur diese, wie ms. 1544, und in derselben Reihenfolge, und da sie unzweifelhaft später geschrieben ist als 1544, so habe ich sie Anfangs als blosse Copie von 1544 angesehen. Wie aber ein von G. Paris citirter Vers lehrt (Alexis p. 186 unter musgode), so kann sie nicht aus *E* stammen, sondern nur eine gemeinsame Quelle mit *E* haben.

VIII. Die Handschrift B. N. fr. 12471, anc. Suppl. fr. 632 ist beschrieben und analysirt von G. Paris im

Alexius p. 218 und soll mit *P* bezeichnet werden. Offenkundige Druckfehler in Paris' Ausgabe, aber nicht im Druckfehlerverzeichniss berichtigt, sind: No. 30 = *T.* 47, lies *T.* 17; No. 35 = *T.* 25, lies 35; No. 37 = *T.* 28, lies *T.* 29.

IX. Handschrift von Neuchâtel, beschrieben von Matile in der „Revue Suisse" 1839 p. 246. Soll mit *N* bezeichnet werden.

X. Handschrift B. N. fr. 20040, anc. St-Germain 1659, „Vies des pères et Passion de Nostre Seigneur" betitelt, auf den Seiten paginirt in gross Quart, stammt aus der coislinischen Bibliothek. Am Schluss der Sammlung stehen die Titel der Geschichten (fol. 104), sind aber sehr ungenau. Sehr häufig fehlen die Aufschriften (vor den Erzählungen), häufig auch die Prologe. Vom Ende des XIII oder Anfang des XIV. Jahrhunderts. Die ersten 37 Erzählungen folgen sich wie in *B* (1039), die 38. ist = *B* 42, No. 39 und 40 stimmen wieder überein (dies sind die zwei letzten Nummern). Soll mit *G* bezeichnet werden.

XI. Handschrift 25438 anc. La Vallière 86 enthält den „Romanz des vies des peres auf fol. 1—139 (41 Erzählungen) auf 2 Colonnen im XIV. Jahrhundert geschrieben. Die ersten 38 Nummern folgen sich wie *B* (1039), No. 39 = *B.* 42, No. 40 und 41 = *B.* 39 und 40. Soll *H* heissen.

XII. Handschrift B. N. fr. 1545, anc. 7588[2] Papierhandschrift XV. Jahrhundert (Cat. des mss. fr. I). Auf fol. 1 stehen Urkunden, auf fol. 2 folgt das Verzeichniss der Stücke: C'est la table de ce present livre, appele le livre des peres anciens, appertenant a Guillem le moyne de Conchey, clerc notaire publique, escript de sa main et finy en l'an [mil quatre cent] soixante et neuf, ou mois de juillet, au lieu de Fixins. Die 41 Stücke dieser Handschrift, welche wir *I* nennen wollen, folgen sich genau wie in *H*. Der 6. Erzählung fehlen die ersten 12 Verse.

XIII. Handschrift B. N. fr. 1547, anc. 7592, die wir mit *K* bezeichnen, ist eine Papierhandschrift des XV. Jahrhunderts, enthält auf 265 Blättern nur die „Vies des pères", auf einer Colonne. Die Titel sind durchweg ausgelassen. Welchen Begriff der Copist von Verskunst hatte, zeigen seine Schlussverse:

„Dieu tout puissant, je vous mercie,
Puisque ceste escriture est finie."

XIV. Handschrift B. N. fr. 25439, (anc. La Vallière 87?) enthält bloss 8 Stücke vom „Romanz de la vie des peres" fol. 138 v^0—188 v^0, No. 1—7 stimmen zu *P.* 1—7, und No. 8 = *P.* 31.

Die Handschrift 22500, anc. Sorb. 351, enthält weder den „Roman von Dolopathos", noch die „Vie des pères hermites", wie man nach Le Roux de Lincy (Roman des sept sages, Einleitung) erwarten sollte, sondern eine Uebersetzung der Politik des Aristoteles.

Die Handschrift B. N. fr. 11039 citirt von G. Paris (Alexius p. 186 unter musgode), konnte ich nicht mehr durchsehen.

B. CLASSIFICATION DER HANDSCHRIFTEN.

Sämmtliche 60 Stücke der Handschrift *B* finden sich auch in *A*. Zwei Stücke (*A* 65 = *B* 45 und *A* 71 = *B* 51) finden sich bloss in diesen zwei Handschriften. Die Annahme, *B* könnte blosse Abschrift von *A* sein, da es keine einzige Erzählung mehr enthält als *A*, muss zurückgewiesen werden, sobald man die Lesarten der beiden Handschriften vergleicht. Es kommen Verse in *B* vor, welche in *A* fehlen, welche aber den übrigen Handschriften mit *B* gemeinsam sind und nicht von *B* zu *A* hinzugefügt werden konnten. Es geht schon hieraus hervor, dass das Princip des Vorhandenseins oder Fehlens von Erzählungen in einer Handschrift in Uebereinstimmung mit andern Handschriften nicht genügt, um die Descendenz der Handschriften ins Klare zu setzen, und dass eine Vergleichung der Lesarten hinzukommen muss. Zu diesem Zwecke ist ein Stück der vorliegenden Sammlung unten abgedruckt worden, wobei die Lesarten mehrerer Handschriften angeführt sind. *ABCDEGH* sind vollständig verglichen, *IK* der Hauptsache nach, *P* bis v. 232. *F* verglich ich nicht, weil ich es gleich *E* voraussetzte (vgl. oben p. 34), *T* und *N* habe ich nicht vergleichen können. In *L* ist das betreffende Stück nicht enthalten. Wir werden *L* demzufolge vollständig ausser Acht lassen (da nur 8 Stücke sich vorfinden, ist es von geringerer Bedeutung), *FNT* nur vorläufig.

Es frägt sich nun, ob eine oder mehrere der Handschriften, von denen Lesarten vorliegen, aus andern einfach abgeschrieben sind. Wir werden bei Prüfung dieser Frage auch diejenigen Fälle in Betracht ziehen, wo eine (nach unserer Angabe) ältere Handschrift in ihrem Verhältniss zu einer (nach unserer Angabe) jüngern untersucht werden soll, da man unsere Angaben über Abfassung der Handschriften in Zweifel ziehen könnte. Nur *I* und *K* sollen davon ausgenommen sein, da diese unbestreitbar dem XV. Jahrhundert angehören.

1) Die Handschrift *A*. Sie ist nicht aus *B* abgeschrieben; denn *B* fehlen No. 56 *A* = No. 23 *T* und

No. 44 A = No. 38 C. Die Handschriften C und T haben die zwei Erzählungen aber nicht aus A genommen; von C wird es sich sofort zeigen, dass es unabhängig von A ist. Also stammen die zwei Erzählungen aus einer von A verschiedenen Quelle, sind hiemit nicht von A zu B hinzugefügt worden. Da es undenkbar ist, dass ein für sich bestehendes Werk aus mehr als einer einzigen Handschrift abgeschrieben worden sei, so wird auch B nicht die Vorlage von A gewesen sein. Aus irez B v. 275 konnte A nicht querres machen in Uebereinstimmung mit $DHIE$; aus der richtigen Lesart von B v. 348: Pour m'ame metre a sauvement nicht das verkehrte pour mon cors metre a damnement, aus B v. 363: Les lermes del cuer contremont nicht: Les larmes as oilz contremont, in Uebereinstimmung mit $CGEHI$, etc. A stammt auch nicht aus C; denn No. 2, 11—14, 19, 38, 40, 56. 65, 68, 71 in A fehlen in C, sind aber A mit andern Handschriften gemeinsam. Die Verse 239—40 fehlen C, finden sich aber in A, sowie in $BDEGHI$. A ist ebensowenig aus D abgeschrieben; denn diesem fehlen v. 61, 97, 180, 381, nicht aber A und andern Handschriften. A stammt nicht aus E und G; denn diesen fehlt v. 450, nicht aber A und andern Handschriften; nicht aus H, dem v. 132 fehlt; nicht aus P, dem 94 fehlt, erhalten in A und den übrigen Handschriften. Also ist A aus keiner der vorliegenden Handschriften abgeschrieben.

2) Die Handschrift B. Sie ist nicht aus A abgeschrieben; denn A hat v. 447 ausgelassen, der sich in B und den übrigen Handschriften vorfindet; v. 410 hat A mit D: Si est cil fox, B aber mit allen übrigen Handschriften: Si est musars, v. 39 hat A: De froit me

lessastes m, B mit $CPDE$ veïstes, v. 132 würde B eine schlechte Lesart für eine gute abgeschrieben haben; v. 174 hat B fiance in Uebereinstimmung mit $DEGHI$, wo A und CP creance haben und eine Aenderung von creance in fiance ganz unerklärbar sein würde. B hat auch nicht C zur Vorlage; denn diesem fehlen v. 239—40, nicht aber B und den andern Handschriften; auch stammt B nicht aus D, dem v. 61, 97, 180, 381 fehlen, die in B und andern Handschriften enthalten sind; nicht aus E, dem v. 148, 206, 450 fehlen, nicht aber B und andern Handschriften; nicht aus G, dem v. 115, 367—69, 450 fehlen, erhalten in B und andern Handschriften; nicht aus H, dem v. 45, 59—60, 98, 132 fehlen, nicht aber B und andern Handschriften; nicht aus P; denn diesem fehlt v. 94. erhalten in B und andern Handschriften. V. 99 liest P si les osta, B mit A seṣ emporta, und ähnlich EK. Bei v. 132 gilt dasselbe für das Verhältniss von B zu P, wie für das von B zu A, ebenso v. 172, wo P creance hat, B mit $DEGHI$ fiance.

3) Die Handschrift C ist nicht aus A abgeschrieben; denn diesem fehlt v. 447, nicht aber C und andern Handschriften; v. 39 liest A me lessastes, C mit BPD me veïstes, v. 99 liest A ses emporta, C mit $PGHI$ si les osta, v. 252 stimmt C mehr oder weniger vollständig zu $BDEK$ gegen A, etc.; nicht aus B; denn No. 38 in C fehlt B, nicht aber A (No. 44), die Erzählung in C. fol. 253: Del empereri qui garda sa chastee par mout temptations ist verschieden von B 11 und gleich T 53; v. 348 hat B die richtige Lesart, aber C in Uebereinstimmung mit ADE das verkehrte: Pour mon cors metre a dampnement, etc. C stammt nicht aus D; denn diesem fehlen v. 61, 97, 180, 381, nicht

aber *C* und andern Handschriften; nicht aus *E*; denn diesem fehlen v. 148, 206, 450, nicht aber *C* und andern Handschriften; nicht aus *G*, dem v. 450 fehlt, erhalten in *C* und andern Handschriften, v. 12 liest *G*: Quant un pou miez, aber *C* mit *A B D E P K* übereinstimmend: Quant de nul bien; v. 35 liest *G*: Et par ce si vous obliez, aber *C* provance donés, gleich *A B P*, etc. *C* stammt auch nicht aus *H*; denn diesem fehlen v. 45, 59, 60, 98, 132, nicht aber *C* und andern Handschriften; vielleicht auch nicht aus *P*; denn diesem fehlt 94, nicht aber *C*; v. 27 hat *P* et nient, *C* mit *A B G D* et nic. Leider gestatten uns die wenigen Lesarten, welche wir von *P* haben, und die Unvollständigkeit der Sammlung in *P* nicht, ein ganz sicheres Urtheil abzugeben. V. 94 hätte am Ende der Schreiber von *C* selbstständig finden können.

4) Die Handschrift *D*. Sie ist wahrscheinlich nicht aus *A* abgeschrieben. V. 39 hat *A* : De froit me lessastes m., *D* in Uebereinstimmung mit *B C P* me veïstes m.; v. 68 hat *A* ensache, *D* mit *B C P* cache; v. 159 hat *A* vert devandra, *D* mit *H I* reverdira; v. 252 steht *D* gegen *A* zu *C* und lautet ähnlich wie *B E K*. *D* stammt nicht aus *B*. V. 251 hat *B*: Hors de la forest s'en tornerent, *D* in Uebereinstimmung mit *A* s'en alerent; v. 266 liest *B*: Or entendes a mon avis, *D* mit *A*: Or entendes bien mon devis; v. 275 hat *B* irez, *D* mit *A E H I* querres; v. 348 steht in *B*: por m'ame metre a sauvement, in *D*, übereinstimmend mit *A C E*: por mon cors metre a dampnement etc. *D* hat nicht *C* zur Vorlage; denn v. 239—40 sind ausgelassen in *C*, aber erhalten in *D* und andern Handschriften. *D* stammt nicht aus *E*, dem v. 148, 206, 450 fehlen, nicht aber *D*

und andern Handschriften; nicht aus G, dem die in D und andern Handschriften enthaltenen v. 115, 450 fehlen. Auch würde D nicht in Uebereinstimmung mit ABC PEK die Verse 37 a—f haben auslassen können. Auch in H finden sich die genannten Verse vor (nur v. f. nicht mehr), sodass D auch nicht aus H stammt. Ferner hat H v. 45. 59—60, 98, 130 ausgelassen, die sich in D vorfinden. D hat auch nicht P zur Vorlage. V. 94 ist ausgelassen in P, findet sich aber in D und andern Handschriften. V. 212 hat P: Ancois que je doie fenir, aber $D = ABE$: Ains qu'il me conviegne morir.

5) Die Handschrift E ist nicht aus A abgeschrieben; z. 450 fehlt A, ist aber vorhanden in E und andern Handschriften; v. 39 hat A lessastes, $E = BCPD$ veïstes; v. 174 hat A creance, aber $E = BDGHI$ fiance. E hat nicht B zur Vorlage. V. 348 hat E: Pour mon cors metre a dampnement, aber B mit GP HI: Pour m'ame metre a sauvement, also die richtige Lesart; v. 363—64 hat E wie ACG: Les larmes as oilz contremont, Du cuer vienent etc. gegen B: Les larmes del cuer contremont, Del cuer moevent etc. E stammt auch nicht aus C; denn diesem fehlen v. 239—40, vorhanden in E und andern Handschriften; nicht aus D, dem v. 61. 97, 180, 381 fehlen, erhalten in E und andern Handschriften; nicht aus G, dem 115, 450 fehlen, welche in E und andern Handschriften vorkommen; nicht aus H, dem v. 45, 59, 60, 98, 130 fehlen, erhalten in E und andern Handschriften. Auch nicht aus P. P lässt v. 94 aus, der in E und andern Handschriften vorkommt, liest v. 174 creance, wo E mit $BDGHI$ fiance hat, ferner vgl. v. 180, 204, 212 etc.

6) Die Handschrift G ist nicht aus A abgeschrieben. A fehlt v. 447, der in G und andern Handschriften erhalten ist; v. 284 hat G: au chief d'un an, A mit BD CEK: d'un mois. Sehr wahrscheinlich ist G auch nicht aus B geflossen; denn v. 101 liest B: En un autre qui florissoit, aber G mit HIA: En un ble qui les lui estoit, ähnlich wie $DCPEK$; v. 176 hat B: Par bos, par montagnes, par plains Erra bien XV jors toz plains, aber G: VIII jors erra ensi toz plains, Que il fu toz maigres et vains. G stammt nicht aus C; denn C hat v. 239—40 ausgelassen, welche in G und andern Handschriften erhalten sind. Dass G nicht aus D stamme, beweisen v. 61, 97, 180, 381, welche D fehlen, aber in G und mehreren andern Handschriften vorkommen. V. 148, 206 fehlen E, nicht aber G und andern Handschriften; also ist G auch nicht aus E geflossen. H ist nicht Vorlage von G, weil ihm v. 36 f., 45, 59—60, 98, 130 fehlen, die in G und andern Handschriften erhalten sind. Auch aus P stammt G nicht; v 100, ausgelassen in P, findet sich in G und andern Handschriften; v. 35 hat G: Et par ce si vous obliez, aber P mit A, B, C: Et par ce provance dones; v. 174 hat fiance, aber P mit AC creance; ferner vgl. v. 39, 68, 180, 101.

7) Die Handschrift H ist nicht aus A geflossen; sie erhielt mit den andern Handschriften den v. 447, den A ausliess; hat v. 284 au chief d'un an, während A mit $BCDEK$ d'un mois schreibt, lässt v. 367—68 aus, die in A stehen in Gemeinschaft mit HI, ebenso v. 311 bis 312; v. 244 schreibt sie trinite in Uebereinstimmung mit HI gegen carite in A, etc. Ebenso wenig ist H aus B geflossen; das beweist die Verschiedenheit der Lesarten von v. 35, 94, 284, 244, die Auslassung von

v. 367—68 in H und GI, v. 311—12 ebendaselbst, etc. H stammt nicht aus C; denn C fehlen v. 239—40, welche sich in H und $ABDEG$ vorfinden. Es stammt nicht aus D; denn D fehlen v. 61, 97, 180, 381, welche sich in H und andern Handschriften vorfinden; nicht aus E; denn E fehlen v. 148, 206, 450, welche H mit andern Handschriften gemeinsam hat. Auch hat H einige Erzählungen, welche E fehlen, und welche nicht spätere Hinzufügungen sind. H floss auch nicht aus G; denn G lässt v. 115, 450 aus, die in H und andern Handschriften vorkommen; v. 275 hat G ires, H in Uebereinstimmung mit $ADEI$ querres, v. 180 hat $H = CP$ destorber, statt desrober in G etc. Auch aus P ist H nicht geflossen; P fehlt v. 94, der in H und andern Handschriften steht; man vergleiche ferner die Lesarten von v. 126, 35, 92, 174, 39, 68, 101.

8) Die Handschrift I ist nicht aus A abgeschrieben; A fehlt v. 447, der in I und andern Handschriften erhalten ist; es fehlen A v. 36 a—f, die I mit G, H gemeinsam hat; ferner fehlen I mit GH gemeinsam v. 367—368, v. 311—12; v. 284 liest I „au chief d'un an" mit GH gegen A d'un mois; v. 244 „en trinite" mit GH gegen A charite etc. Beinahe dieselben Verse sprechen auch gegen eine Abschrift von B; man vergleiche die Lesarten von v. 35, 39, 92. 94, 36 a—f, 367—68, 311—12, 284, 244 etc. I stammt nicht aus C; denn C fehlen v. 239—40, welche I mit $ABDEGH$ gemeinsam hat. I floss nicht aus D; denn D fehlen v. 61 97, 180, 381, welche in I und andern Handschriften erhalten sind. I stammt auch nicht aus E; denn E fehlen v. 148, 206, 450, welche sämmtlich in I und andern Handschriften enthalten sind. I stammt auch nicht aus G; v. 115,

450, in *G* ausgelassen, finden sich vor in *I* und andern Handschriften; nicht aus *H*, dem v. 36, 45, 59—60 fehlen, welche sich in *I* gemeinsam mit andern Handschriften vorfinden. Ebenso wenig stammt *I* aus *K*; denn dieses hat v. 284 d'un mois, *I* aber gleich *GH* d'un an. Eine Conjectur von *I = GH* ist undenkbar. Ferner hat v. 345 *K:* pour mon cors metre hors damnement, *I* hat die Lesart von *BGH* und *P:* pour m'ame metre a sauvement; v. 367—68, welche sich in *K* vorfinden, hat *I* mit *GH* ausgelassen, was nicht zufällige Uebereinstimmung sein kann. *I* wird auch nicht aus *P* abgeschrieben sein. *P* fehlt v. 94, welcher sich in *I* und den übrigen Handschriften vorfindet; v. 126 hat *P:* Son pis de ses paumes batant, *I = GH:* Son pis molt durement batant; ferner vergleiche man die Lesarten von v. 35, 92, 172, 178, 39, 68, 99.

9) Die Handschrift *K* ist wohl auch nicht direct aus *A* abgeschrieben. V. 440 hätte zwar *K* aus grignor in *A* schon plus grant machen können, aber v. 251 hat *A* alerent, *K* in Uebereinstimmung mit *BCEG*, zum Theil auch *H* tornerent. V. 447 ist in *A* ausgelassen, aber in *K* wie in den übrigen Handschriften erhalten. Die Reihenfolge der Erzählungen in *K* bis No. 38 ist verschieden von *A*, stimmt aber ganz genau zu derjenigen von *BGHIK* ist nicht aus *B* abgeschrieben; denn v. 348 liest *K:* pour mon cors metre hors damnement, offenbar Conjectur aus der Lesart von *ACDE* a damnement, was *K* nicht nöthig gehabt hätte, wäre ihm *B* vorgelegen pour m'ame metre a sauvement; v. 45 hat *B* ganz besondere Lesart, *K* stimmt aber zu *ACG HID*. Auch aus *C* stammt *K* nicht; denn *C* hat v. 239—40 ausgelassen, welche in *K* und den übrigen

Handschriften erhalten sind. Da v. 98 von DHI gemeinsam ausgelassen ist, aber in K wie in den andern Handschriften sich vorfindet, so wird K auch nicht aus DHI abgeschrieben sein. K stammt nicht aus E; denn diesem fehlen v. 148, 206, 450, welche in K und andern Handschriften enthalten sind; nicht aus G, dem v. 115, 450 fehlen, die in K und andern Handschriften sich vorfinden; auch P ist nicht Vorlage für K gewesen; v. 94 fehlt in P, ist aber in K und den übrigen Handschriften erhalten; v. 99 K emporta, wie AB dagegen P osta, wie $CG HI$; v. 180 hat P destorber, K übereinstimmend mit $ABEGI$ desrober; v. 68 hat P cache, K mit GHI sache, v. 12 hat P que, K mit ABD quant.

10) Die Handschrift P ist nicht aus A geflossen; A liess v. 447 aus, den P und alle andern Handschriften erhalten haben; v. 36 hat A: Que bien ne pr., P wie C und D: Que Dieu; v. 39 hat A lessastes, $P = B$, CDE veïstes; v. 99 hat A emporta, $P = CGHI$ osta; v. 175 hat A: Cil qui de quarre ne fu vains, $P = BCD$; par bos, par montagnes, par plains. P ist auch nicht aus B abgeschrieben; v. 212 hat B: ains qu'il me conviegne morir, $P = C$: ancois que je doie fenir; v. 45—46 hat B eine besondere Lesart, P aber stimmt zu den übrigen Handschriften ausser H, dem der Vers fehlt. P ist auch nicht aus C abgeschrieben; denn diesem fehlen v. 239—40, nicht aber P und den übrigen Handschriften. P stammt nicht aus D noch H; denn diese haben v. 96 ausgelassen, den P mit den übrigen Handschriften gemeinsam hat; nicht aus G, dem v. 115, 450 fehlen, die in P und den übrigen Handschriften erhalten sind, und nicht aus E; denn diesem fehlen v. 148, 206, 450, die in P und den übrigen Handschriften sich vorfinden.

Aus dieser Untersuchung geht hervor, dass wahrscheinlicherweise gar keine der vorliegenden Handschriften aus einer andern abgeschrieben wurde und dass sämmtliche Vorlagen zu den verlorenen Handschriften gerechnet werden müssen. Es handelt sich jetzt darum, das Verhältniss der verlorenen Handschriften zu einander und zu den uns erhaltenen zu bestimmen.

Wir haben in A auf fol. 153, nach der 74 Erzählung die Bemerkung gefunden: Explicit la vie des peres, desgleichen schon nach der 42. Erzählung die Notiz: Finis. Diese Bemerkungen sind aber von späterer Hand geschrieben, als die Texte selbst. In der Handschrift B dagegen finden wir das „Explicit la vie des peres" nach der 40. (A. 42 entsprechenden) Erzählung von gleicher Hand, wie das Vorhergehende geschrieben, und dies veranlasst uns zu der Vermuthung, dass hier einst ein Abschluss der Sammlung gewesen, und der übrige Theil in A und B später gedichtet worden sei. Mit A und B später hinzugedichtet worden sei. Mit A und B stimmen aber noch andere Handschriften überein, so H und I, welche 41 Erzählungen haben und wo die Erzählung vom vilain asnier (d. h. die letzte vor dem „Explicit" in A und B) die 41. und letzte ist. In G ist diese Erzählung die 40. und letzte, in K die 42. und letzte. Dadurch, dass B 40· die letzte Geschichte einer ursprünglichen Sammlung war, ist B vielleicht dazu gekommen, sein „Explicit" um zwei Erzählungen zu früh zu setzen, indem B 41 und 42 in B verstellt sind und wahrscheinlich ursprünglich vor B 40 standen. So ist es in den meisten andern Handschriften. So in K. B 41, 42 entsprechen K 39, 41. B 40 aber K 42. Ebenso in A. B 41, 42 entsprechen A 29, 26, aber B 40 = A 42; in E

entsprechen B 41, 42 $=$ E 16, 11, B 40 $=$ E 19; B 42 $=$ HI 39, aber B 40 $=$ HI 41; B. 42$=$ G 38, aber B 40 $=$ G 40; B 42 $=$ D 11, aber B 40 $=$ D 34.

Ist unsere Ansicht betreffs dieser zwei Stücke richtig, so gehörten zur ersten nachweislichen Abfassung unserer Sammlung 42 Stücke, welche uns (ohne die Erweiterung) in den Handschriften $GHIK$ erhalten sind. Diese Redaction wollen wir x nennen. Auch D, welches 41 den obigen entsprechende Stücke hat, also nur eines ausliess, werden wir dieser Gruppe von Handschriften beizählen. P ist uns nicht erlaubt, hieher zu rechnen, da No. 41 mit einem Bruchstück abbricht und wir nicht wissen, ob ursprünglich in der Handschrift auch die Erweiterung vorhanden war. Aus der engen Verwandtschaft mit C liesse sich eher das letztere schliessen.

Wir unterscheiden sodann eine zweite Gruppe von Handschriften, welche mehr als diese 42 Erzählungen der ersten Sammlung in sich begreifen, also eine Erweiterung haben und nennen diese Redaction y. Zu dieser sollen aber bloss diejenigen Stücke gerechnet werden, welche nicht nachweislich mit solchen Gautier's von Coincy identisch sind. Es sind dies in den Handschriften AB CT die Stücke: A No. 43—74, B No. 43—60, C No. 37—48, 50—53 [und 25?], T No. 23--24, 31—33, 36—37, 48—51, 55, [und 52?]. Diese Gruppe von Erzählungen ist nur allmälig entstanden, da das Material aus verschiedenen Quellen zusammengetragen wurde, wie aus den Eingängen der Erzählungen hervorgeht, die wir bei Beschreibung der Handschrift A gegeben haben. In diesen Theil sind einige Erzählungen eingeflochten, welche eher als Mirakel zu betrachten sind, z. B. A. 45, 51, 53 etc.

Diese vermögen aber nicht, den ganzen Character der Sammlung umzugestalten und dürfen wir den Titel „Romanz de la vie des peres" auch für diesen Theil beanspruchen, um so mehr, als auch unter den ersten 42 Stücken manche Erzählungen vorkommen, die von nichts weniger als Einsiedlern handeln. Dass der Dichter derselbe war, wie für die ersten 42 Stücke, ist bloss zu vermuthen.

Eine dritte Gruppe wird gebildet von den Handschriften E und F. Sie enthält eine Reihe von Erzählungen, welche sich in gar keiner der übrigen Handschriften vorfinden und auf eine besondere Quelle hinweisen. Es sind dies in E und F No. 30—34, nebst zwei Prosabearbeitungen. Die Letztern entsprechen im Inhalte zwei Stücken der Redaction z, welche sich nicht im metrischen Gewande in den Handschriften EF vorfinden. Ausser diesen fehlen EF noch 10 Stücke der Redaction z. Dass diese einfach ausgelassen worden sind, ergibt sich aus dem Titel in F (ob auch in E, vermag ich nicht mehr zu sagen), der einen Auszug aus der „Vie des pères" anzeigt und lautet: „Plusieurs exemples extraits de la vie des pères." Diese Redaction nennen wir x.

Eine 4. Gruppe bilden diejenigen Handschriften, welche neben Stücken der Redactionen z und y auch noch Gedichte Gautier's von Coincy enthalten. Diese Redaction nennen wir w. Sie umfasst in der Handschrift T No. 18 (Poquet p. 153), 19 (Poquet p. 323), 20 (Poquet p. 429), 21 (Poquet p. 443), 34 (Poquet p. 575), 53 (Méon N. R. II, p. 1 und C fol. 253), 56 Poquet p. 359), 57 (Poquet p. 475), 58 (Poquet p. 291); in C No. 23 (Poquet 523), 24 (Poquet p. 363), wahrscheinlich auch 25 und die Digression über die Frauen als Einleitung zu 26. Andere Stücke Gautier's finden sich in C erst nach der (spätern)

Prosabearbeitung der „Vie des anciens peres", welche auf die metrische folgt (fol. 200). Auch *D* enthält Gedichte Gautier's, sie sind aber nicht in die „Vie des peres" eingestreut, wie in *C* und *T*, sondern folgen sich im Zusammenhang nach den 41 Stücken, welche der Redaction *z* angehören. Auch *N* enthält wahrscheinlich Stücke von Gautier so No. 40 (*T* 58), 44 (Poquet p. 501), 47 (Poquet 275), 50 (cf. *C* 23, *D* fol. 150).

Wir untersuchen zunächst die Handschriften der Redaction *y* genauer. Prüfen wir die Lesarten der Handschriften *ABC*, so finden wir, dass *AB* gegen *C*, *BC* gegen *A*, *AC* gegen *B* stehen, ein neuer Beweis, dass keine aus der andern abgeschrieben ist. Das nächste Verwandtschaftsverhältniss scheint zwischen *A* und *B* zu bestehen. *A* und *B* haben v. 99 ses emporta, *C* mit *PGHI* si les osta; v. 180 desrober, wo *C* mit *P* destorber hat; v. 212: Ains qu'il me conviegne morir, wo $C = P$ hat: Ancois que je doie fenir; v. 244: Por dieu qui en charite maint, *C* en paradis; v. 308 sans mere nestre, *C* morir sans nestre; v. 397 et le seche, *C* et deseche; v. 425 forfet, *C* mesfet. Zehn Stücke der Redaction *y*, welche *A* und *B* gemeinsam sind, fehlen *C*, während *AC* nur ein einziges gegen *B* mehr haben (A 44 $=$ C 38). Wenn wir also für *A* und *B* die gemeinsame Quelle *u* annehmen, so kann *C* nicht auch aus dieser Quelle stammen, sondern nur aus einer besondern, die wir *v* nennen wollen.

Die Handschrift *P* hat zu *C* ein engeres Verhältniss als zu *A* und *B* oder irgend einer andern Handschrift. Dies sollen einige Lesarten klar machen. V. 36 haben *C* und *P*: Que dieu ne prisez, ähnlich *D*; *AB*: Que bien, ähnlich *GHI*; v. 99 si les osta $=$ *GHI*, *AB* ses emporta; v. 101 les lui cressoit $=$ *DEK*, *AGHI* les lui estoit; v. 39 veïstes = BD, lessastes $AGHI$; v. 141 —142 haben CP ganz allein die Wörter destrece und simplece vertauscht und im 2. Vers parut a sa simplece geschrieben. V. 174 haben, CP creance = A, gegen BD $EGHI$ fiance; v. 180 destorber mit H, gegen $ABGIE$ desrober; v. 212 haben CP ganz allein: Ancois que je doie fenir. Wir nehmen also die Vorlage von C, v, auch als Quelle von P an; v, die Quelle von CP ist weder von A noch von B abzuleiten. V. 174 stehen CP mit A gegen B und die übrigen Handschriften, indem sie creance für fiance haben, ebenso v. 98 lie tuit = A, umgestellt in B und K; v. 195 forfet = A, mesfet in B und E; v. 132 haben $CP = A$: Qu'a pechier, B: Car le fait; v. 348 stimmt bloss C zu A, aber P kann die richtige Lesart: pour m'ame metre a sauvement (= B) auch durch Conjectur gewonnen haben. Wie mit A so stimmen nun auch CP mit B gegen A, wie v. 39 veïstes für lessastes in A; v. 68 cache = BD für A ensache; v. 114 confes sen fist = BE, gegen A se fist; v. 140 le preudome molt s'esjoi = B, gegen AD: Li preudom molt s'en esjoi; v. 175 wie BDE, Cil qui de quarre ne fu vains A; v. 447, ausgelassen in A, steht in CP wie in B. Wir werden also für die Quelle von A und B (u) und für diejenige von CP (v) eine gemeinsame Quelle annehmen müssen, welche wir y nennen. In der Handschrift C kommen bereits Stücke von Gautier von Coincy vor. Diese haben sich möglicherweise schon in der gemeinsamen Quelle von CP, in v vorgefunden. Nur fanden sie sich nicht schon in y vor, sonst hätten sie von u wieder ausgeschieden werden müssen, ein Fall, der ganz undenkbar ist. P ist unvollständig, seiner Stellung nach aber müssen wir annehmen, dass es wie A und B die

Erweiterung y, vielleicht auch Stücke Gautier's enthalten habe.

Wir gehen zu der Redaction z über. Sie umfasst die Handschriften $DGHIK$, wo nur z, ausserdem noch ABC, wo $z+y$, EF, wo $z+x$ vorkommen. Für die Handschriften $DGHI$ werden wir eine besondere Quelle anzusetzen berechtigt sein. Diese vier Handschriften lassen gemeinschaftlich No. 29 in A aus, welche sich in den übrigen Handschriften der Version z, auch in T (No. 40) und P (No. 19) vorfindet. Ferner stimmen DHI überein in der Lesart von v. 27, wo sie pou bien haben, gegen nic und nient der übrigen Handschriften; dieselben Handschriften lassen gemeinsam v. 98 aus. DH stimmen zusammen v. 33 gegen alle andern Handschriften und DI v. 171. Die gemeinsame Quelle von $DGHI$ soll z^1 heissen.

Für GHI werden wir wieder eine besondere Quelle annehmen dürfen, welche wir o nennen wollen. GHI lesen nämlich gegen alle übrigen Handschriften gemeinsam: au chief d'un an, statt: d'un mois, v. 284; proisier für veoir oder voier v. 94; laidangier für losengier v. 145, etc; sie lassen gemeinschaftlich aus v. 311—12, 367—68; fügen gemeinsam 6 (H 5) Verse hinzu, die sich sonst nirgends finden (v. 36 a—f). Unzweifelhaft stammen GHI nicht direct aus o; allein das vorhandene Material reicht nicht aus, um die GHI und o vermittelnden Quellen genau festzustellen. Derselbe Umstand macht sich auch bei K geltend. K hat mit y und den Handschriften EF eine gemeinsame Quelle, in der sich die Erzählung A 29 vorfand. Das Original oder die letzte Quelle sämmtlicher erhaltenen und verlorenen Handschriften, welche wir O nennen, kann aber nicht die unmittelbare Vorlage von K gewesen sein. Dagegen spricht schon der Umstand, dass K erst im 15. Jahrhundert geschrieben worden, ausserdem aber mehrere Lesarten, welche K mit andern Handschriften gemein hat und welche unmöglich im Original stehen konnten. So werden wir also zum Mindesten eine besondere Vorlage *(k)* für K annehmen müssen. Die Handschriften EF sind auf's Engste mit einander verwandt, vgl. oben p. 34. Wir nehmen also eine gemeinsame Quelle für beide an und nennen dieselbe e. Ob und was für vermittelnde Quellen zwischen e und O bestanden haben, kann nicht mit Bestimmtheit gesagt werden. Nach den angestellten Untersuchungen wird sich die Descendenz der Handschriften ungefähr durch folgendes Schema veranschaulichen lassen (die punktirtirten Linien bezeichnen anzunehmende Mittelglieder):

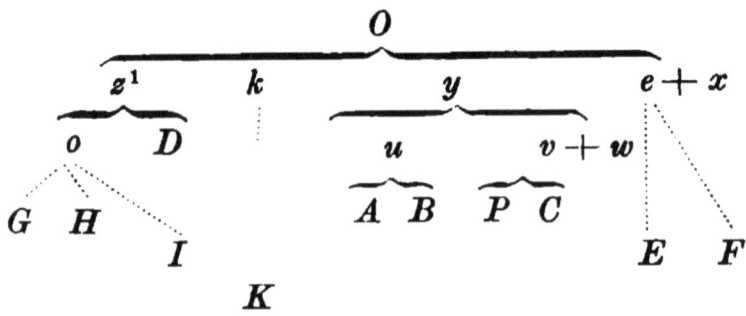

Was nun die Constituirung des Textes anbetrifft, so werden wir y vorzugsweise berücksichtigen müssen, da sich die ältesten und besten Handschriften darunter befinden. Wo alle Handschriften von y übereinstimmen gegen alle übrigen Handschriften, da haben wir ganz ohne Zweifel die Lesart von O in y zu suchen, so z. B. v. 35. Weder e noch k, noch D, noch o haben Anspruch auf Vertretung von O, wenn sie allein stehen. So bietet z. B. D nach v. 306 zwei Verse, gegen welche an sich nichts einzuwenden wäre, aber sie stehen allein in D und sind deshalb nicht aufgenommen. Ebenso wird es sich verhalten mit sechs Versen, welche einzig in GHI erhalten sind (nach v. 36). Im Allgemeinen ist E weniger zu beachten als D und o. Wo y sich in u und v spaltet, da werden wir gewöhnlich der Lesart von u vor derjenigen von v den Vorzug geben. Wir schreiben z. B. v. 212 conviegne mit $ABDE$ gegen doie $CPGHI$, v. 99 emporta mit $ABEK$ gegen $CPGHI$ osta, etc.; nur v. 204 haben wir die Lesart von $CP+Do$ gegen $AB+E$ gewählt. $BCP+DE$ bevorzugen wir vor $A+Ko$, cf. v. 39, 68 und Ao v. 175; desgleichen ist $BCP+E$ besser als $AGHI$, v. 146; BCP allein v. 140 ist besser als AD, dem auch E ähnlich ist. Wo zwei Handschriften von u und v gegen zwei andere von y stehen, also z. B. BP gegen AC, oder zwei Handschriften von u und v gegen eine einzige von y, da ist der Fall ein schwieriger und die Entscheidung nicht immer leicht. Gegenüber AP verdient B im Verein mit oD v. 108 unzweifelhaft den Vorzug, da sich trouves als aus dem vorhergehenden Verse eingeschmuggelt erweist. $BP+o$ erhalten $AC+DEK$ gegenüber v. 348 den Vorzug. Wo B ganz allein steht, werden wir es gewöhnlich nicht berücksichtigen; v. 424 erlaubten wir uns dies, weil grant in ACE offenbar aus dem vorhergehenden Verse hinübergekommen ist. Ueber mehrere Fälle wird sich streiten lassen, so z. B. v. 275, wo $ADEHI$ (querres) BG (irez) und C (errez) einander gegenüber stehen, v. 101, wo $CPDEK$ cressoit, Ao estoit haben, v. 174, wo ACP mit creance, $BDEo$ mit fiance gegenüber stehen. In v. 442 haben wir die ältere Form grignor (in ACD) statt der jüngern plus grant (in $BEKo$) aufgenommen.

C. TEXT.

Das von uns zum ersten Male unten gedruckte Gedicht findet sich in 13 der oben angeführten Handschriften vor. Welche Handschriften für den Text verglichen worden sind, ist oben p. 37 gesagt worden. Den Inhalt hat Tobler in der mehrerwähnten Arbeit (Jahrbuch für romanische Literatur VII) besprochen. Die Geschichte von dem dürren Stabe, welcher wieder zu grünen anfängt, welche sich auf die Tannhäusersage vererbt hat, wird vielleicht in der Bibel (Buch Mosis IV cap. 17) ihren Ursprung haben. Sie findet sich auch in der altfranzösischen gereimten Uebersetzung der Bibel, welche in der Handschrift Ars. B. L. fr. 283 zu Anfang steht.

Was die Sprache unserer Sammlung anbetrifft, so gehört sie nicht dem normannischen Dialecte an. Dieses beweisen folgende Verse: v. 85—86 reimen vivoit und laboroit, was in normannischem Dialekt unmöglich wäre und dieselben Wörter wiederum bei Méon p. 131. 362. Es reimen ferner creoient : aoroient Méon p. 295, asembloient : voloient ib., avoit : levoit, maintenoit : chantoit p. 362, avoit : menoit p. 363, visitoit : voloit p. 368, amoit : doit (digitus) p. 296 Ebenso wenig wie normannisch wird die Sprache picardisch sein. Wir haben bei unserer Umschau gar keine Reime angetroffen, welche auf den picardischen Dialect schliessen lassen könnten. In einer einzigen Handschrift ist der picardische Dialect durchgeführt, nämlich in D: diese Handschrift ist aber in ihrem ganzen Umfang von einem Picarden geschrieben. Ausser in D finden sich noch in B und P picardische Formen vor. Sie treten daselbst nur vereinzelt auf, und sind bei Weitem in der Minderzahl. So hat denn der burgundische ev. der französische Dialect die grösste Wahrscheinlichkeit für sich. Ein Merkmal des burgundischen Dialectes ist, dass das lateinische betonte a in (lateinischer oder romanischer) Position zu ai wird, während der normannische und picardische Dialect a haben. In der Handschrift G kommt ai für a häufig vor; wir erwähnen compaigne, saiche, n'ai (= n'a, 3. pers.), asoaige, gaige, etc Allerdings können diese Formen auch bloss vom Schreiber stammen, welchem sie unzweifelhaft geläufig waren, wie er denn in v. 138 a, den er selber hinzufügte, auch saichies schreibt; sie finden sich aber ausser in G auch noch in $E\,B\,H$, freilich nur vereinzelt vor. In den Text haben wir diese Formen, weil durch Reime nicht gesichert, nicht aufgenommen. Es gilt ferner für ein Merkmal des Dialectes, dass das betonte lateinische a in offener Silbe ei wird. Es finden sich nun Formen, wie aünei (partic. pass.), ovrei, trovei (partic. pass.), recovrei (partic. pass.), etc. nur in G vor, aber Reime wie feré (1. pers, Fut.) : volenté, Méon p. 373 sé (sapio) : pensé (pensatum), Méon p. 375 dirè (1. pers.Fut.) : mené (partic. pass.), diré : versé (subst.) in einem ungedruckten Gedichte unserer Sammlung zeigen, dass das aus lateinischem betontem a entstandene e mit einem aus lateinischem a + i entstandenen e reimt. Wenigstens in diesen, nur der Redaction y angehörigen Fällen, erhalten wir also aus betontem lateinischem a in offener Silbe ein offenes e (è); dieses lehren uns Fälle, wo e aus latein. betontem a + i mit e aus latein. betontem e in Position reimt, wie mestre : fenestre Méon II. p. 365, pes (pacem) : confes p. 302, : apres p. 131, 293, mestre : estre unten v. 19—20 Méon II. p. 158, test (tacet) : est p. 293, less : confesse (3. pers. sing.) v. 403—404. Wir werden also in den obigen

Fällen wo e aus latein. betontem a in offener Silbe entstanden ist und wofür burgundische Denkmäler zuweilen ei setzen, dieses ι i nur als eine besondere orthographische Bezeichnung ansehen, welche das offene e erkennen lassen soll. Haben wir es hier wirklich, wie unsere Ansicht ist, mit einem burgundischen Denkmal zu thun, so dürfen wir die Eigenschaft, das latein. betonte a in offener Silbe in vielen Fällen in è zu verwandeln, dem burgundischen Dialecte als Besonderheit vindiciren und erklären es aus dem Einflusse dieser Mundart, dass mer, nef, hôtel, père, mère, etc., welche anfänglich ein geschlossenes e (é) hatten, später auf dem gesammt französischen Gebiete dasselbe in ein offenes (è) verwandelten. Wir weichen hierin insofern von G. Paris ab, als er sagt, dass diese Thatsache nicht früher vorkomme, als am Ende des Mittelalters (Alexius p. 50). Das aus latein. betontem a | i entstandene è in der Form ai, reimt mit einem oi, das aus latein. langem e oder kurzem i oder au ┤ i entstanden ist. Ausserdem reimen anders enstandene ai mit oi. Folgendes sind die in Betracht kommenden Fälle: por soi : assai Méon II, p. 174, point (punctum) : estain[s]t ib. p. 379, point (punctum) : faint (fingit), soit : ait (habeat) p. 262, desdaing (subst.) : loing in einem unedirten Gedicht unserer Sammlung, metroie : veraie Méon II, 294, moi : mai (majus) ib. p. 306, voie (videat) : aie p. 318, vraie : joie p. 310. Nach Burguy (Grammaire de la langue d'Oil I p. 25) kommt in der Touraine und den benachbarten Gegenden für oi ai vor. Ist diese Angabe richtig und bezieht sich die Vertauschung wirklich auf die angeführten Fälle, so werden wir uns die genannten Reime unter dem Einfluss des Dialectes der Touraine, welcher demjenigen des Dichters benachbart war, entstanden denken. Wir wagten aber nicht, für oi ai zu schreiben, da uns Formen wie sai (= soi), sait (== soit), laing (= loing) etc. nicht vorgekommen sind, in einigen Fällen vielleicht auch schon eine gemeinfranzösische Aussprache oä für oi angenommen werden kann; langes è vor n in der Endung ena lassen wir zu ai werden, obwol in den Handschriften oi häufig vorkommt und nach Obigem mit ai reimen kann. Wir schreiben also plains (plana) : plains (plenos) v. 175—76, fontaine : paine v. 341—42, paine : estraine etc.

Von Wichtigkeit ist die Thatsache, dass Wörter auf ie und e zusammenreimen, wenn das e aus latein. á und ie gleichfalls aus latein. betontem a unter den von Gaston Paris (Alexius p. 79) aufgeführten Bedingungen entstanden ist. Die Beispiele, welche wir gefunden haben und welche zu beseitigen jeglicher Conjecturalkritik unmöglich sein wird, sind ausschliesslich Verbalformen, und zwar mit Ausnahme der Infinitive baignier : oblier Méon II, p. 197 stets die 3. pers. plur. perfecti, nämlich : lessierent : demanderent v. 183—84 (cf. Lesarten), : menerent Méon II, p. 135, : s'en tornerent p 385 (lessierent umgekehrt im Reim zu : detranchierent p. 211, : repererent = repatriaverunt p. 136), donnerent : depecerent p. 135, despoillerent : crierent, cercherent : demanderent p. 380, amenerent : touchierent p. 420, acorderent : corecierent p. 296, seignerent : leverent p. 299. Das Vorhandensein solcher Fälle in unserer Sammlung lehrt, dass die genannte Erscheinung sich nicht auf den anglo-normannischen Dialect beschränkt (Paris, Alexius p. 80), dass es auch nicht genügt, sie auf den normannischen Dialect auszudehnen, wie Koschwitz neulich gethan hat (Roman. Studien, Heft VI, p. 58), sondern dass man ihr ein grösseres, vielleicht das ganze Gebiet der langue d'oil einräumen muss, innerhalb dessen die einzelnen

Fälle genau zu prüfen sein werden. An und en, die im Anglo-normannischen auseinander gehalten werden (P. Meyer, „an et en toniques" in: Mém. de la Soc. de linguistique I, 252 ff.) werden in unserm Texte promiscue gebraucht, was Reime wie sen (sensus) : Sathan Méon p. 365, an (annus) : en p. 311 etc. zeigen.

Für das latein. betonte lange o und kurze u finden wir in den Handschriften häufig o und auch eu, viel seltener ou. Wir haben im Texte o durchgefürt, welches unzweifelhaft richtig ist, da labor (laborem) : jor reimt Méon II, p. 386, 427 und in einem ungedruckten Gedichte ore (hora) : sequore (sequere in *A* geschrieben) = securrit, aber auch eu stehen lassen v. 59—60, wo preus : uels reimt. Für betontes kurzes o finden wir in den Handschriften gewöhnlich ue, seltener oe, für kurz o + i uei; blosses ei oder ue (seltener oe) mit mouillirten Lauten. Kurz ó vor m und n bleibt ungebrochen v. 329 zu parsome; preudome : Rome Méon p. 291, 295, : meson p. 367. Das Pronomen „man" aber lautet en, im Reim zu sen (sensus) Méon p. 296 und zu an (annus) p. 311.

Es reimt ferner st mit blossem t. So reimen mist : vit v. 178—79, plest (placet) ; forfet v. 195—96 (dasselbe auch zu est v. 377—78, zu nest (nascitur) : plet (placitum) v. 333—34, : fet v. 149—50, zu met (mittit) p. 174, voit (videt) : connoist (cognoscit) Méon II, p. 129, croit (credit) : acroist ib. p. 311, dist : despit p. 188, fet (factum) : est p. 163, 177. fist : vit p. 191, 176, prist : contredit (subst.) p. 310, reprist : mesdit (subst.) p. 103, pot : tantost p. 185, ot : tantost p. 269. Wir lassen also auch est ; vet reimen, v. 367—68, wie Méon p. 190.

Die gewöhnliche Form des Artikels N. S. masc. g. ist li; in einem einzigen Verse unseres Gedichtes haben wir Elision angetroffen, v. 250: L'uns l'autre par la main tenant. Dagegen haben wir das Pronomen je vor Vocalen immer elidirt angetroffen, v. 41, 42, 188, 314, etc. Que nommt in Elision vor v. 316, 318, 319, auch v. 320, sofern man covenant aufnimmt statt covent; v. 446 haben wir que im Hiatus (vgl. übrigens die Lesarten). Ce kommt im Hiatus vor v. 43, sonst gewöhnlich elidirt. Die Partikel re wird vor Vokalen elidirt, cf. v. 370.

Noch einige Bemerkungen zur Flexion. Feminina 3. Declin. haben im Nom. Sing. s, wie vertes, das mit nes (natus) reimt Méon II, p. 364 (so in A; in B en verite) und mit atrempez (N. Sing.) in einem nicht herausgegebenen Gedicht. Méon p. 372 reimt tentacions Nom. Sing. mit aurions. V. 407 schrieben wir dagegen verdor im Reime zu flor (B: verdors). Für die 1. Pers. plur. wird aber ausser ons auch on geschrieben. Hons (N. S.) reimt mit demandons. Folgende zwei Verse scheinen zu Gunsten der Form on zu sprechen:

Se diex te face vrai pardon.
Cel riz que nous oï avon. (B: avons.)

Burguy (Grammaire de la langue d'Oïl I, 217) erklärt om als in der Touraine vorkommend, ons als burgundisch. Wir können uns beide Formen neben einander vorkommend denken. Wenn wir für richtig annehmen dürfen, was Rurguy (l. c. I, p. 193) über tel sagt, so erhalten wir eine neue Zeitbestimmung für die Abfassung unseres Textes. Tel (und ebenso quel) als Form des Femininums schien uns häufiger vorzukommen, als tele (quele), darnach müsste unser Text um 1240 gedichtet sein. Beispiele von tel (fem.) sind: v. 214, Méon II, p. 374, v. 405, von quel (fem.) v. 191, 156, 224; tele v. 298, Méon II. p. 374 v. 400.

Des coipiaus que li preudom jeta el ble a son voisin.

1 Qui loing garde, de pres i ot.
   Qui bien so horde et bien se clot
   Si puet dormir seurement,
   Et qui de soi garde ne prent
5 Aseurance le decoit.
   Si est fols qui ne se porvoit.
   Por cels qui ont les grans murjoes,
   As gros ventres, as graces joes,
   Ai cest exemple mis avant;
10 En lor doit bien metre devant
   Les mauvesties ou il desvoient,
   Quart de nul bien ne se porvoient.
   Fols est qui son enui porchace,
   A bon droit le prent qui le chace.
15 Ahi! ahi! vous qui aves
   Les grans deniers que vous coves,
   Cuidies vos par le covement
   Des deniers avoir sauvement?
   Nenil, ce ne poroit pas estre,
20 Vostre denier changeront mestre.
   A la fin, quant vos vos morres,
   En terre pas nes porteres,
   Et ja croi que tel les auront,
   Que ja gre ne vos en sauront,
25 Eins en demeuront lor aveaus,

---

v. 1. de loing *A D E P H*, de pres ot *E* — v. 7. mujoes *D*, meurjoes *K*, morjoes *P*, monjoes *B*. — v. 8. Et gros v. et g. j. *D* As grant v. *A G E*. As gras v. *H*. — v. 9. Icest e. met a. *G H I*. — v. 11. Lor m. *A E G H*. — v. 12. Qui *C*. Que *E P*. Quant un pou mielz ne se p. *G H I*. — v. 14. et le chasse *E*. A droit li pert quant il le ch. *B*. — v. 15 Hai hai *G E K*. Ahi hai *P*. — v. 20. vos seront m. *C*. — v. 22. Vos deniers pas n'emporteres *B*. O vous mie nes p. *G H I*. — v. 24. Qui *A E*.

En devorant les cras morseaus,
Et nic por vos ames diront;
Ensi vostre denier iront.
Et vos vees de froit perir
30 Les povres, et de faim morir,
Et devant vos huis baallier,
Ne vos nes voles aësier
Par la covoitise del fer
Qui vos tret a la mort d'enfer?
35 Et par ce provance dones,
Que bien ne prisies ne ames,
Mes vostre grans dolor i gist,
Si come deus meismes dist:
„De froit me veistes morir,
40 Ne ne me volsistes covrir;
J'oi faim, ne ne me saolastes,
J'oi soif, et si ne m'aboivrastes.

---

v. 26. Et devorront *CI.* Et en auront *G*. Et mangeront *H*. —
v. 27. vostre ame *AGHI*. Et nient *P*. Et riens *K*. Et pou *HI*.
Pou bien por v. a. feront *D*. Ne riens p. les a. ne feront *E*. —
v. 28 Ensi vo d. en i. *B*. Ensi vos d. s'en i. *E*. — v. 29 morir
B, de pain *D*. — v. 30. perir *B*, de froit *D*. — v. 31. ieux *CP*
eauz *H*. — v 32. Et si ne lor (les) volez aidier *HI(G)*. — v. 33.
d'infer *D*, d'anfer *H*. — 34. Qui vos manra droi en enfer *G*. —
v. 35. Et par ce si vous oubliez *GHI*. Et pour ce ne voulez
mie doner *E*. Et pour ces 4 monnaes *D* — v. 36. Ne prisiez nul
bien ne a. *GHI*. Que dieu *CP*. Ne pr. vous dieu *D*. Car dieu
ne prises un denier *E*. *E* fügt noch zwei Verse hinzu: Ne le
prises ne l'aimes, Ainsi le fera il vous ames. *GHI* haben folgende
6 weitere Verse (nur f in *H* ausgelassen):
   a) Mas bien vos en apercevrez
   b) Quant vous amender ne porrez, (*G:* Q. a. ne le p.)
   c) Lors iert trop tart, bien le vos di,
   d) Car vos n'avez si bon ami
   e) Qui vos aïst a ce besoing (*HI:* aidast)
   f) Tant vos soit de pres ne de loing.
v. 37. Et vostre *GHI*. — v. 39. lessastes *AGHIK*. — v. 41.
pas ne me s. *D*, et ne me s. *AE*, vous ne me s *PH*, si ne me *I*.
— v. 42. Et soif *GHI*, ne si *B*, si ne mi a *I*, ne me m. *HK*,
et pas ne m. *DP*, et ne m. *E*.

Por ce ales a male estraine,
En feu, en torment et en paine,
45 A mal ostel, a lonc sejor,
Que james ne vos falra jor."
Vos qui vos deniers tant ames
Qu'a poi que deu ne les clames,
Entendes a ceste promesse:
50 Oroison ne sautier ne messe
Ne vos porra ja garentir,
S'enfers vos puet a soi tenir.
Que tos jors damne ne soiies,
Si lo, ains que vos esaiies
55 Ceste dolor et cest torment,
Que chascuns endroit soi s'ament.
Fols est qui se suefre atrichier.
Fetes vos deniers desnichier
Et penses de fere vos preus,
60 Ovres vos bourses et vos eus,
Si ne soies aver ne doine.
Ves ci la meson Saint Antoine
Et autres mesons soffreteuses,
Ves abaesses, ves prieuses

---

v. 43. Pour ce en a. *A*, irez *GHI*. Et pour ce a. en m. e. *E*. — v. 44. El feu *B*. — v. 45 ausgelassen in *H*, a mal sejour *D*. — v. 45 und 46 lauten in *B*: Que james jor ne vos faudra, Tant come damedex durra. — v. 48. A pou que *A*, de deu *K*, qu'a deu *C*. — v. 50. Orisons *DPGHI*. — v. 51. poroit *BCDPE*, pourront *I*, lai g. *H*, pas g. *D*. — v. 52. S'e. v. peust en soy t. *E*. — v. 57. se laisse trichier *G*, acharier *E*. — v. 58. desruchier *D*, deshuichier *HI*, dessaichier *GK*, desploier *E*. — v. 59. a fere *AB*, de en fere *E*, ausgelassen in *H*. — v. 60. O. vos b paiez vos veux *E*. O. hardiment les iex *G*. O. hardiment vos huis *I*, ausgelassen in *H*. — v. 61. doisne *P*. v. 61—62 in *D*: Soien engries come lyon, De faire vostre grant besong. Die zwei folgenden Verse fehlen *D*. — v. 62. Veci *P*. Veez *ABH*. Veez ci la messe *E*. — v. 63 ausgelassen in *A*. — v. 64. Vees abies *P*. Veez abesses et p. *B*. Veez abaasses et p. *G*. V.. s albaies vees p. *E* Vees abasses et pr *HI*.

65	Qui muerent de faim deles vos
	Et vos estes come li los
	Qui devore quan qu'il porchace,
	Et tot parmi sa gueule chace,
	(Car los est si forz de nature,
70	Que de compagnie n'a cure;)
	Ne ja n'aura si grant plente,
	Qu'il en vuelle fere bonte,
	Si come sa grant glotenie
	En avarice son cuer nie.
75	Et vos le voles resembler,
	Et a deu tolir et embler?
	Vos ames cest trop grant folie?
	Si lo, tant que vos aves vie,
	Que vos vilains fes amendes,
80	Et al amor deu entendes,
	Qu'il en est bien sesons et tens.
	Qui plus se haste, si fet sens.
	Por avoir place en paradis
	Un autre conte vos devis
85	D'un preudome qui se vivoit
	De ses terres qu'il laboroit.
	A deu de tot son cuer se tint
	Et en tos bienfes se maintint.
	Confession n'oblia mie,
90	Sa compagne en fist et s'amie;

v. 65. Gent ont mesaise d. v. *D*. — v. 66. sambles moult bien a lous *D*, seres *B*, ferez *K*. Vous estes anci con li l.'*A*, si estes c. l. *G*. *E* schiebt einen Vers ein: Qui bestes estranglent trestous. — v. 68. cache *BDP*, ensache *A*, sache *GHI*. — v. 69—70 stehen nur in *GHI* und hätten eigentlich nicht in den Text aufgenommen werden sollen; es geschah gleichwol damit die Nummerirung der Verse nicht wieder geändert werden müsse. — v. 71. Il n'en aura *G*. Ja n'en aura *HI*. — v. 72 ausgelassen in *H*. — v. 74. lie *CPEGHI*, ou avarice *CG*. — v. 82. plusa sens *B*. v. 88. se contint *GH*.

(Qui a son droit la garde et tient
A la joie des cieus en vient),
Tant qu'un jor por esbaneoir
S'en torna ses terres veoir,
95 Et apercut enmi son ble
Copeaus qui furent atine —
Je ne se de chesne ou de trenble —
Et furent lie tuit ensenble.
Les copeaus prist, ses emporta,
100 Et hors de son ble les geta
En un ble qui les lui estoit,
Qui a un sien voisin estoit.
Et quant li ble furent meür
Et a cuellir furent seür,
105 Tantost au preudome sovint,
Quant sa terre despollier vint,
Des copeaus qu'il avoit troves
Et coment il les ot getes
En autrui ble come vilains,
110 Et de grant convoitise plains;
Si avoit ce fet a autrui
Qu'il ne volsist qu'en feïst lui.
Molt se blasma, molt se reprist,
Demaintenant confes s'en fist.
115 Mes li chapelains li dist bien:

---

v. 92. dou ciel *GHI*, dessus *E*. — v. 93 esbenoier *GHI*. — v. 94. voier *BE*, proisier *GHI*. Sen t. pour ses bles v. *E*. S'en ala *DGHI*, sa terre *BHI*. Fehlt in *P*. — v 95. Si a trove *D*. — v. 96 amasse *HI*. — v. 97 Ne sai ou de chaisne *B*, ausgelassen in *D*. — v. 98 ausgelassen in *DHI*, tuit lie *BK*. — v. 99. si les osta *CPGHI*, si les porta *E*, et le leva *D*, si les emporta *K*. — v. 100 les porta *CP*. — v. 101. cressoit *DCPEK*. En un autre qui florissoit *B*. — v. 102. C'un siens voisins (*HI*: amis) seme avoit *GHI*. — v. 108. trouves *AP*, ruez *EC*. — v. 113. M. s'en blasma *BPG*. — v. 114. Tot eranment *GHI*. se fist *ADG*. — v. 115 ausgelassen in *G*, ses chap. *DHI*.

„Amis, vos n'aves mesfet rien,
De noient estes esgares.
Se vos atant ne m'en crees,
Ales parler a un ermite
120   Qui la maint; tost vos aura dite
La verite de ceste chose.
S'il vos en blasme, ne ne chose,
Si fetes ce qu'il vos dira,
Droit parmi le voir s'en ira."
125   Li preudom s'en parti atant.
Son pis de ses paumes batant
Por le pechie que molt dota.
Come simples tant esploita
Qu'il vint au preudome et li dist
130   Le fet el point ou il le fist.
Molt fu esplores et sospris,
Qu'a pechier n'avoit vos apris.
Ne sembla pas les fols qui ont
Joie des maus quant il les font,
135   Et s'en vantent et en font plet,
Et plus en dient qu'il n'ont fet.
Ensi li fol, li alechie
Croisent et doblent lor pechie.
Quant li ermites ot oï
140   Le preudome, molt s'esjoï

---

v. 121 ausgelassen in *E*. — v. 126. et ses paumes *B E*. Son p. molt durement b. *G H I*. — v. 127. que il dota *B*, que tant d. *P G H I*. — v. 130. ensi con il le f. *D*, ou point *E*, que il *G*, ou point ou il le prist *H* — v. 132. Car le fait n'avoit p. a. *B*, ausgelassen in *H*. — v. 134 Qui font j des m. qu'il font *G H I*. — v. 136. qu'il n'en fet *D E*, n'en est *B*, en est *P*. Plus en dient qu'il n'en o f. *G H I*. Et p. d. q. n'a el fet *C*. — v. 138. Der Copist von *G* fügt hinzu: Que bien saichiez se est trop maul, Quant il se vantent de lor maul. — v. 139. l'ot *A G H I K*. — v. 140. Li preudons *A C D E K*, s'en esjoï *A D E K*. Molt durement s'en e. *G H I*.

De lui et de sa grant simplece,
Et bien conut a sa destrece
Que deus en lui grant part avoit,
Quant por tel fet si se doloit.
145 Il ne le volt pas losengier,
Ne son mesfet amenuisier,
Que cil ne se glorefiast,
Ne qu'en son bien trop se fiast.
Si li dist: „Preudom, s'il vous plest,
150 Penitance aures de ce fet.
A droit vous en donre conseil."
„Sire, plus ne quier ne ne veil;
Bien doit amender qui mesprent,
Si come reson nos aprent."
155 „Or oes, que je vos enjoing,
Et quel penitance vos doing:
Amont et aval tant ires,
Que le baston sec troveres
Qui en vos poins vers devendra,
160 Si que flor et fuelle rendra;
Ne por chose qui vos enuit
Ne gerres qu'une seule nuit
En une vile devant lors,
Que fuelle et flor getera hors
165 Li bastons, si que je le voie,
Et que par le veoir vous croie."
„De par deu, sire, je l'otroi,

---

v. 141. destrece *CP*. — v. 142. parut a sa simplece *CP*. — v. 144. se redoutoit *CP*, si se pénoit *HI*, ausgelassen in *E*. — v. 145. laidangier *GHI*, eslongier *P*. — v. 146. bienfet *AGHI*. bon cuer riens empirier *D*. — v 148 ausgelassen in *E*. — v. 152. S. fet celui (P: cil et) plus ne v. *CP*. — v. 156 ausgelassen in *E*. — v. 158. Et ceste verge porteroiz *H*. — v. 159. en vos mains *CHI*, reverdira *DGHI*, revendra *P*. — v. 160. Et que *B DH*, fuelle et flor *BCDHI*, tendra *P*, vous rendra *B*, portera *D*. v. 166. par le baston *AP*.

En deu met cest afere et moi.
Je se bien que deus partout puet,
170 Et que tos biens par lui s'esmuet."
Tantost se mist au desares.
Ne fu mie trop esgares
De consivre sa penitance,
Qu'en deu fu tote sa fiance.
175 Par bois par montagnes, par plains,
Erra bien XV jour tos plains,
Tant qu'en une forest se mist.
Hors d'un recet trois larrons vit,
Qui droit encontre lui venoient,
180 Et qui desrober le voloient.
Li larron tantost l'asalirent,
Mes en povre harnois le virent,
Si qu'en pes por ce le lessierent.
Totevoies li demanderent:
185 „Qui estes vos?" „Peneans sui."
Et vos des quant?" firent li dui.
Encor n'est pas li mois passes,
Que j'estoie riches asses;
Hors sui, par ce que j'ai enpris."
190 „Et coment estes vos si pris?

---

v. 171. as desarez *C*, a d *PG*, au desarers *E*, si deserz *H*, au cheminer *I*. T. se fu acemines *D*. — v. 172 effrees *B*. — v. 173. D'aconsivre *DB*. De poursivre *P*. D'acomplir *E*. — v. 174. En d. ot *AG*, creance *ACP*. — v. 175. Par bors *D*. Cil qui de quarre ne fu vains *A*. VIII jors erra ensi toz plains *G*. XV jors erra (*I*: ala) trestouz plains *HI* — v. 176. Erra XV j. trestouz pl. *P*. Que il fu toz (*I*: que tantost fu) maigres et vains *GI* Si que touz fu palles et tains *H*. S'en voit par jour par nuit ci teins *E*. — v. 178. II larrons vit *G*, deux larrons vit *I*. — v. 180 ausgelassen in *D*, destorber *CPH*. — 181. errant l'ass. *D*, li saillerent *H*, sur luy saillerent *I*. — v. 183. lessirent *E*. Si c'auques por *G*. Si que por ce cil le l *H*. Si que por ce ne le puerent *I*. — v. 184. Et t. l'arochierent *C*. — v. 190. Et c. i. estes vos p. *CPE*.

Por quel chose, por quel forfet?
Aves vos homecide fet?"
„Je non, segnor, deus m'en desfende,
Que mes cors a tel fet entende."
195 Neporquant qu'aves vos forfet?"
„Jel vos dirai puis qu'il vos plest :
En un mien ble copeaus trovai,
Les copeaus pris, si les getai
En un ble qui n'estoit pas miens,
200 Si que desos failli li biens.
Por ce que longement i jurent,
Ensi li copeaus me decurent,
Et tant que je m'en fis confes
A un saint ermite de pres
205 Qui molt m'enquist et encercha
Et por cest pechie m'encharcha,
Que je par terre tant alasse,
Qu'un baston sec li aportasse
Tot chargie de flor et de fuelle;
210 Et deus par sa pitie ce vuelle,
Que cest fet me puisse avenir,
Ains qu'il me conviegne morir."
„Si aves por si peu d'afere
Tel penitance enpris. a fere?"
215 „Voire, ne ne puis en un leu
Gesir qu'une nuit par mon veu."

---

v 192. home une deffet *CP*. v. 193. Naic s. *DP*. Nanil
s. *A*. Non pas s. *E*. — v. 194. mon cuer *GHI*, n'entende *CPD*.
— 195. Toutesvoies-fait *D*, mesfet *BE* -- v. 203. me fis *GE*. --
v. 204. de pez *AB*, du païs *E*. A un h. de ci pries *D*, ci pres
PGHI. — v. 205 me quist *PE*. — v 206 ausgelassen In *E*,
me charcha *BC*, me quercha *P*. — v. 210. si veille *A*, le vuelle
EGHI. — v. 212. Aincois que je doie fenir *CP*. Encois que je
doie morir *GHI*. — v. 214 Tel poigne et ce anpris *H*, enprise
CPE. — v. 215. qu'en un l. *C*. V. ne ne p. par mon veu *BD*,
en nul leu *G*. — v. 216. en un leu *BD*.

„Devant que ceste chose aviegne,
„Vostre cors bone voie tiegne;
Car molt aves grief chose a fere,
220 Ne sai, s'a chief en porres trere."
Et tant, que li uns se reprist
Come grans pechieres et dist:
„Et nos las, dolans, ou irons,
Et quel penitance ferons,
225 Qui onques jor bien ne feimes,
Ne mal apreste ne veimes,
Que volentiers ne feissons,
Por que gaeng i veissons?
Omecides et roberies,
230 Traisons, ardoir abeïes
Ai je fet, et la lecherie
De la geule n'obli je mie;
Et coment porrai je trover
Penitance, por aquiter
235 Ma glotonie et mon forfet,
Quant cist boneüreus hom fet
Por noient si grant penitance?
Je ne voi pas ma delivrance,
Se deus en moi conseil ne met,
240 Et n'a merci de mon forfet.
En pechie ne serai je plus,
Parler veil a ce saint reclus,
Et pri a cestui qu'il m'i maint,

---

v. 222. si dist *CP*, et si dist *E*. — v. 224. Et nos quel penance f. *P*. Ne quel part nos voies tanrous *G*. Qui tant pechie fet avons *H*, prendrons *A*. — v. 226. ne desimes *B*. — v. 229. Omecide *CD*. — v. 230. Traison *BCDE*. — v. 231. la gloterie *GHI*. — v. 232. De ma geule *BCD*. — v. 234. por acorder *A* — v. 237. neant *AC* — v. 238. Je n'i voi *C*. — v. 239 ausgelassen in *C*, merci ne met *A*, miracle ne fet *E*. — v. 240 ausgelassen in *C*. Et n'a pitie *A*. Et merci n'a *GHI*. — v. 242. a cel s. r. *DGHI*.

Por deu qui en charite maint.
245 A lui veil parler, si saurai
Se je james merci aurai."
Cil dist: „Je vos i menrai bien,
Ja por mener n'i perdres rien."
„Alons en donques maintenant!"
250 L'uns l'autre par la main tenant
Hors de la forest s'en tornerent,
Et des larrons se destornerent.
Tant errerent qu'il vindrent droit
Al quart jor la ou cil manoit
255 Qui molt bonement les recut.
Cil ses pechies li reconnut
Qui ot bone contricion;
En plor et en affliciou
Ot le cuer et le cors ensamble,
260 Tant parlerent, si con me samble,
Que sa penitance recut.
Li ermites bien apercut
Et sot que volentiers feroit
Ce que l'en li comenderoit.
265 Il li comanda: „Beaus amis,
Or entendes bien mon devis:
De tos maus fere vos tendres,

---

v. 244. en paradis *C*, en trinite *GHI*. — v. 248. ne perdrs r. *DGHIE*. — v. 249. Alons idonc tot m. *D*. — A. idonques m. *GHI*. — v. 251. s'en alerent *DA*, s'an torna *H*. — v. 252. Et li larron *B*. Et les larrons *EK*. Et li autre dui s'en t. *A*. Et al hermita s'en alerent *G*. Et droit al h. ala *H*. — v. 254 ou cil estoit *AGHI*, ou il estoit *K*. — v. 255. Qui benignement le r. *C*. Et cil b le r. *E*, lieement *GHI* Für v. 255—56 hat *D* vier Verse: L'iermites tos les apiercut, Et molt boinement les recut; Li pechieres a lui corut, Et ses pecies li reconuit. — v. 258. plors *B*. — v. 260. T. seurs fu *GHI*. — v. 264. Ce que il li *GHI*. — v. 266. avis *B*, bien m'est avis *H*, que vos devis *G*. Or e. ci mon d. *E*, a mon d. *C*.

Et a tos biens fere entendres.
C'est li poinz, ce poes savoir,
270 Dont deu porres plus tost avoir.
Ensi le crees sans dotance.
Et apres vos doing penitance
Por amender vostre forfet,
Dont trop come fous aves fet.
275 Par vor jornees tant querres
Que la fontaine troveres,
Dont li ruiseaus contremont cort,
Et en bas la fontaine sort.
N'en nule vile ne gerres,
280 Devant que trovee l'aures,
Qu'une nuit fors por maladie;
Drois est, que l'essoine vos die
Et coment qu'il aut bien, vos di,
Qu'au chief d'un mois resoies ci;
285 Ensi le vos di et comant."
D'iluec s'en partirent atant
Ambedui li peneancier,
Qui molt se volrent avancier.
Ensemble compagnie tinrent,
290 En bones œvres se maintinrent.
Si errerent molt longement,
Qu'onques n'orent avoiement
De ce qu'il aloient querant,

---

v. 268 ausgelassen in *E*. — v. 269. li pains *C*, bien poes s. *B*, deves s. *CDEHI*. — v. 270. poes *DAG*, plus prest *CD*. Dieu plus tost (prest) *EDC*. — v. 272 Et puis vos donrai p. *GHI*. — v. 273 tort fet *A*, mesfet *DG*. — v. 274. Que vos aves come f. f. *GHI*. — v. 275. tant irez *BG*, errez *C*. — v. 278. Et la f. desoz s *GHI* — v. 281 par maladie *EI*, fors que m. *G*, nuit sans m. *H*. v. 282. que la some *A*, que les soignes *H*. — v. 283. Ce que il aut *B* Et c. qu'il soit b. *E*. Et c. qu'il voist b. *I*. — v. 284. du mois *C*, d'un an *GHI*. — v. 287-88 ausgelassen in *GHI*.

Dont molt estoient enquerant.
295 Cil qui la fontaine queroit
Fontaine trover ne pooit
Dont li ruiseaus amont alast,
A enui tele la trovast,
Tant qu'un jor a plorer se prist
300 Et de son pechie se reprist,
Et se clama chetif, dolent,
„Qui tant ai ame mon talent,
Que tote joie en ai perdue
James jor n'iert aconseüe
305 Ceste chose que j'ai enprise
Ou seroit la fontaine prise,
Ne trovee ce ne puet estre
Ne que l'en puet sans mere nestre.
Totevoies la veil je querre;
310 Se je devoie mangier terre
Et user mes eus et ma vie,
Ne m'en relascherai je mie,
Devant que deus aura de moi
Merci si come j'en lui croi."

---

v. 294 in *E* ausgelassen. — v. 298. A poine tele tr. *G*. A poignes t. la tr. *HI*. Molt ains t. ia tr. *E*. Et enuis d'ele la tr. *A*. Tant biele et clerc le tr. *D*. — v. 299. a plaindre *B*. — v. 300 in *E* ausgelassen. — v. 301. Si se cl. *B*. Et se claime *D*. — v. 302. Que *DGHI*, mes talens *GHI*. — v. 304. J. n'iert jor *CD*. J. ny est j. a. *E*. Que j. n'iert a. *H*. — v. 306. ou sera *A*. *D* fügt zwei Verse hinzu:
    a) Dont li ruissiaus amont alast,
    b) il n'est nus hom qui la trovast.
v. 307. ne poroit e. *BD*, ausgelassen in *E*. — v. 308. Nes que *B*, morir sans nestre *C*. Ne c'on porroit *H*, ausgelassen in *G*. — v. 309 ausgelassen in *G*. Totevoie *A*. Touteffois *E*, l'irai-je q. *H*, la vois je q *I*, si la v. je q. *E*. — v 311 ausgelassen in *GHI*, ans (aus?) *CDE*. — v. 312 ausgelassen in *GHI* Ne me *C*. — v. 313. Tant que ait merci de m. *GHI* — v. 314. je le croi *D*. M. ensi con je le croi *A*. Et il l'aura si con je c *GHI*.

315 Cil qui le baston sec queroit
　　　Afferma bien qu'autel feroit.
　　　Molt quistrent mes riens ne trouverent,
　　　Et tant, qu'ensamble s'acorderent
　　　Qu'ariere s'en retorneroient,
320　Por ce que en convent l'avoient,
　　　Et que li termes aprochoit,
　　　Que cil enchargie lor avoit.
　　　Tantost se mistrent au retor;
　　　Mes onques puis n'errerent jor,
325　Qu'andui lor pechie n'acontassent,
　　　Et que de bon cuer ne plorassent,
　　　Et disoient: „riens n'avons fet,
　　　Li tens totevoies s'en vet.
　　　Au dire voir, a la parsome,
330　Que porons nos dire au preudome
　　　Qui ca nos envoia por voir?
　　　Honte grant i porons avoir.
　　　Mes pas n'en˚ devons tenir plet,
　　　Puis que la chose a deu ne plest;
335　Fous est qui riens fet sor son pois."
　　　Tant errerent qu'au chief d'un mois
　　　Troverent le saint confessor
　　　El renclus ou point n'ot dessor,
　　　Qui reposer les comanda

---

v. 318. Tant que *BE*. A tant *H* — v. 320 que covenant l'av. *CG*, qu'en covenant a. *BK*. — v. 325. de bon cuer ne priassent *C*. Ambedui l. p. ne contassent *K* Que dui l. p. n'ac. *E*. Que il l. p ne plorassent *G*. Qu'a l. p. ne plorassent *HI*. — v. 326. Et que leur pechie n'ac *C*, ne priassent *GH*, depriassent *I*. nesplorassent *B*. — v. 328. Et li tans tout ades *DE*. Et li t. neporquant *C*. — v. 332 ausgelassen in *K*. — v 333 ausgelassen in *GHI*, poons *A*. — v 334 ausgelassen in *GHI*. — v. 335. Mais ce est or sor n. p. *GI*. Mais ce trop sore mon p. *H*. — v. 338. Ou il n'avoit gueres d'oissor *C*, ou n'ot point *BGH*, ou n'est p. *I*, desror *B*, cessor *HI*. — v. 339. lor c. *DK*.

340   Et apres al un demanda:
       „Aves vos trove la fontaine?"
       „Nenil, sire, por nule paine
       N'en puis trover avoiement,
       Et si l'ai quise longement.
345   S'il vos plest, autre penitance
       Me dones, et je sans dotance
       La ferei si entierement
       Por m'ame metre a sauvement,
       Que ja de rien n'i mesprendrai,
350   Ensi a fere l'enprendrai."
       „Et de cuer plorastes vos puis?"
       C'est tós li confors que je truis
       En moi, sire, que de plorer;
       De duel me devroie acorer,
355   Quant de tos sui li plus mauves,
       Ja de plorer n'aurai mes pes,
       Ne de moi fouler ne ledir,
       Tant qu'a merci puisse venir."
       „Ne vos desconfortes, amis,
360   Car en vos a deus conseil mis,
       Vos aves trove la fontaine.
       C'est li cuers del ome qui maine
       Les lermes as eux contremont;
       Del cuer vienent, et as eux vont,
365   Quant li pechieres se repent,
       Et pleure et se blasme et reprent.

---

v. 340 ausgelassen in *K*. — v. 346. et sans demorance *B*, et puis sans d. *A*. — v. 348. P. mon cors m. a dampnement *A C D E*, Pour mon cors m. hors dampnement *K*. — v. 351. du cuer *A E*. v. 354 me deuise tuer *D*, me d. atorter *E*, me d. acorder *H*. — 357. et laidir *C E G*. — v. 363 Les l. del cuer c. *B*. Les l. au cuer c. *D*. — v. 364. au cuer muevent et au cuer vont *D*. Del cuer moevent *B*, et es eaus v. *H*. — v. 366. et repent *C K*, et blasme et se repent *E*. Et il a bien fere se reprent *C*, et se blasme formant (*H*: sovant) *G H*.

	Ceste fontaine en son cuer est,
	Dont li ruissiaus contremont vet.
	Assous estes de vos pechies,
370	Mes de rencheoir vos gueties.
	Qui pechie lesse et le reprent
	Asses plus que devant mesprent.
	Penses de vos, vos troverres
	Selonc ce que vos overres,
375	Del mal seres mors et dannes
	Et del bien es sains cieus menes.
	Et a vos, preudom, coment est?"
	„Beau sire, si come deu plest."
	„Coment aves vos puis ovre?
380	Aves vos cel baston trove?"
	„Nenil voir, dont li cuers me cuit.
	Bieu sai qu'aucuns pechies me nuist
	Et que deus est iries vers moi,
	Dont je molt durement m'esmoi."
385	Amis, ne vos esmaies mie,
	Damedeus aime vostre vie,
	Et si a bien por vos ovre;
	Vos aves le baston trove.
	Cist hom qui est verais confes,
390	C'est li bastons qui estoit ses,
	Sans point d'amor' et sans humor,

---

v. 367—68 ausgelassen in *GH1*. v. 367. nest *AK*. 368 vest *AE*, nest *C*. - v. 370. vos gaigiez *K*, si vous gardes *E*. — v. 371. et se reprent *D*, et puis le prent *B*, lesse et r. *AK*. — v. 374. Selonc ce que v. fet aures *C*. — v. 376. montes *ADK*, ou (*H*: du) ciel corones. — v. 377. Et a l'autre dist: Coment t'est *D*. — v. 378. Sire ensi con a die p. *D*, si con a d. p. *B*. — v. 380. le baston *DG*. cest b. *H*. — v. 381—88 ausgelassen in *D* v. 382. nuit *AG*. v. 384. D. je durement me desvoi *C*, m'effroi *GH*. v. 386. Deus ne vos obliera mie *G*. Deus hai vostre proiere oie *H*. — v. 389. venus confes *A*. — v. 390. Est li b. *AE*. — v. 391. et sans honeur *D*, et humor *AK*. Senz flor et senz fueille et senz ramor *G*. Sans p. de foelle et s. h. *H*.

　　　　　Or a recovre sa verdor,
　　　　　Et rent fuelle et flor ensement;
　　　　　Or oes por quoi et coment:
395　　　Tant com li hom est en pechie,
　　　　　Tant a il cuer et cors sechie;
　　　　　Car li pechies l'art et le seche,
　　　　　Par le maufe qui si l'aleche,
　　　　　Et quiert sa mort et son enui;
400　　　Tant fet, que deus n'a rien en lui.
　　　　　Et par ce pert il sa verdor
　　　　　Qu'il ne tient rien de son signor;
　　　　　Et quant son pechie del tot lesse
　　　　　Et del bon del cuer se confesse,
405　　　Et penitance a perceüe,
　　　　　Tot maintenant li est rendue
　　　　　De par Jesu Christ sa verdor,
　　　　　Et porte fuelle ensemble et flor,
　　　　　Tant com en bien fet se maintient.
410　　　Si est musars qui ne se tient

---

v. 392 ausgelassen in *H*. Qui a r. *B*. Or a retorne *CE*. Or a rapporte *K*. — v. 393 ausgelassen in *H*, flor et fueille *C*. Et flor et f. e. *E*. Et sa fuelle et fl. ansimant *G*. — v. 394. Or o. la raison c. *HI*. — v. 395. Tant que *B*. — v. 396. T. a le cuer mort et s. *D*, corps et cuer *E* — v. 397 ausgelassen in *H*, et desseche *CEK* Car li maufez li art et s. *G*. Li p. l'art et laidist *D*. — v. 398 ausgelassen in *H*, qui li a. *A*. P. le diable qui le a. *K*. Et li pechiez que il a. *G*, qui le mal fist *D*. Par le pechiie ou il s'asseche *C*. Et l'art come le feu la mesche *E*. v. 399. Qu'il quiert *CE*, in *D* mit dem folgenden Verse umgestellt. Tant q. *D*. — v. 400. Et fait *D*. — v. 401. Et pour cou *D*. Et pour ce *GH IK*. — v. 403. fuit et lesse *BDE*. — v. 404. Et que de bon c se c. *GHI*. — v. 405. a porceue *AD*. Für diesen Vers und die drei folgenden haben *GHI* bloss zwei:
　　　Tot maintenant li est (*H*: a) rendue
　　　Sa verdor que il ait (*H*: qu'il avoit) perdue.
v. 406. Tot erranment *B*. Demaintenant *C*. — v. 407. sa vredors *B*. — v. 408. Et prent et porte f. et flour *D*. Et p. e. f. et fleur *A*. — v. 410. Si est moult fols *D*. Si est cil fox *A*, s'i tient *CAG*.

En bien et qui n'i met pooir,
Tant que la verdor puisse avoir.
Ensi le vos di por verte.
Por vostre grant humilite
415 Ci vos assoil, et deus si face,
Et li pri qu'il vos doint sa grace
Et en bienfere maintenir,
Tant qu'a s'amor puissies venir.
Or face bien chascuns por soi.
420 Plus ne vos di, car plus n'i voi."
Atant d'ilueques s'en tornerent,
Se bien firent, il le trouverent.
D'ome ocire et de grant descorde
Vient l'en sovent a bone acorde.
425 Qui me forfet molt m'asoage,
Quant amende m'en fet et gage.
L'en n'est pas tosjors a cheval.
Qui se glorefie en son· mal
Devant les eus li est aperte
430 La voie qui le maint a perte.
Si est sages qui poine met
A amender ce qu'il mesfet,

---

v. 411. por voir *B* — v. 412. puist *B*, puet *D*, sa verdor *H*. — v. 413. E. le dit p. verite *C*. E. vous di p. verite *E*. — v. 414. Par *DEH*. Diex par sa g. h. *A*. — v. 415. Dex v. a. *CD*, consoill *GHI*. Je vous aosous *E*, et si v. f. *D*, vos face *A* — v. 416. Par sa viertu itant de grasce *D*. Si li pri *B*. Qu'il vos doint pooir et sa g. *A*. — v. 417. Et au b. f. *GHI*. — v. 420. quar je n'en doi *D*, ne voi *AE*, ne plus *AECK*. — v. 422. si le tr. *CG*. — v. 423. A home o a gr. d. *D* D'omeoide de gr. d. *GH*. — v. 424 S'en vient on bien a ac. *D*, a grant ac. *ACH*. a gr. concorde *E* V. on bien a misericorde *G*. v. 425. Quant il amende son mesfait *D*, meffet *CGH*, m'assommage *K*, m'en savaige *E*. — v. 426. Et au fil dieu a fet *D*. - Qui a me fet *AK*, me fet *GHE*. — v. 427. toudis *D*. — v. 429. *D*. ses eulz *A*. — v. 430 ausgelassen in *E*, qui les m. a p. *D*. La v. qui li est a p. *C* — v. 431. Cil est s. *A*. — v. 432 D'amender ce qu'il a m. *E*. Au bien et de maul sedesmet *GHI*.

	Ensi come cist lerres fist
	Qui merci ot de Jesu Christ
435	Por ce qu'il ot grant repentance,
	Et qu'il se mist en penitance
	Por amender sa mesprison;
	Ausitost li fist deus pardon,
	Come a celui qui riens n'avoit
440	Forfet et qui preudom estoit.
	Qui nel set, si le sache et l'oie
	Que damedeus a grignor joie
	Del pecheor qui se repent,
	Que de quatrevins ou de cent
445	Bons preudesomes qui ja sont
	Juste par les biens que il font.
	Mes n'aions pas en ce fiance.
	Fous est qui peche en esperance
	Que nus ne set qu'a l'uel li pent
450	Ne l'ore que mort le sosprent.
	Por ce di au sage et au sot:
	Qui loing garde, de pres i ot.

---

v. 433. Ansinc *A*. Atressi com cil l. f. *E*. — v. 434 De qui ot m. J. Ch. *C*, viers J. Ch. *D*. Qui ot m. de J. Ch. *A E*. — v. 435. c'ot bone r. *D*. — v. 436. Et qu'il fu pris en p. *G HI*. — v. 441. si sace et voie *D*, sel s. et bien l'oie *C*. Qui ne seit, si saiche et bien l'oie *EG*, cou saiche et bien l'oie *H*. — v 442, plus grant *B E G HI*. — v. 443. Quant un pecieres se reprist *D*. D'un p. *A G E*, quant se r. *E*. — v. 444. Que des autres mil et doi cent *D*, ou d'un cent *E*. — v. 445. B. proudomes et qui ja s. *D G*. — v. 446. qu'il font *B*, que fet ont *CE*, par les fais *E*. Tuit juste par le bien qu'il f. *G H I*. — v. 447 ausgelassen in *A*, in *D* mit dem folgenden Verse umstellt. — v. 449. Car nus *C E K*. — v. 450. les souprent *B*, que li m. li prent *D*, que la m. le prent *A*, ausgelassen in *G E*. — v. 452. et de pries ot *B*, loinz *C*, de loing *A B G H K*.

Anmerkungen.

Nachstehende Anmerkungen verdanke ich zum grössten Theil der Güte meines Lehrers, Hrn. Prof. Tobler. Die wenigen Bemerkungen, welche von mir herrühren, sind in eckige Klammern gesetzt.

v. 7. [murjoes. Darüber vgl. Paris, Alexius p. 186, musgode und Romania 1873, 85.]

v. 27. dire nic kann ich nicht belegen, es lässt sich aber nicht anzweifeln; wir haben *dire ho*, Halt gebieten (auch sich selbst, also auch: Halt machen). Berte 833; Barb. u. Méon II, 269, 450; ib. III 148, 12; ib. III, 203, 192; wir haben *dire fi*, sich nichts machen aus etwas. De tout son povoir dy fy, Théâtre Fr. au m. â. 432, de ma force je dy fy ib 474, Dou remanant vous di je fi, Ruteb. I, 247 Je te deffi. Et dist Richars: et j'en di fi, Rich. li biaus ed. Förster v. 998. De tot lou mont por lui (Gott) di fi, Méon N. R. II, 3526 [Uncore di Belial, uncore vus di fi Jub. N. R. II, 311]. So wird auch dire nic eine mit einer Interjection gebildete Redensart sein; die Interjection mag mit dem von Carpentier (Du C.) unter niquetus belegten niquet zusammenhängen.

v. 33. par la covoitise del fer. [Wie ist del fer an dieser Stelle zu verstehen?]

v. 56. endroit soi. [cf. Martin, Besant de Dieu p. 116 v. 3110.]

v. 61. aver ne doine. [doine muss Synonym zu aver (avarus) sein. Aber welches ist das Etymon?] Prof. Förster frägt mich über doine in dem von ihm zu erwartenden Aiol Z. 4186;

Makaires de Lossane | en fu irous,
Tel fu ct fier[s] et doines | et traïtors.

Mak. räth dem König, den Aiol, der bei demselben in Gunst steht, wegzujagen; denn er könne durch seine Freigebigkeit gefährlich werden. Er selbst ist vielleicht als geizig zu bezeichnen, doine, wie in Ihrer Legende steht.

v. 74. [nie, wohl von nidus, Nest, habe sonst nirgends gefunden].

v. 93. esbaneoir: veoir. Dafür weiss ich augenblicklich keinen Rath; in Nr. 12 stehn bei Méon II, p. 424 die Formen benoiete, maloiete (statt beneoite, maleoite). Burguy belegt freilich selbst den Inf. voier, aber nirgends im Reim. [Die gewöhnl. Form esbanoier kommt vor Méon, II, 371 im Reim mit vergier.]

v. 171. Tantost se mist au desares. [Ursprung und Bedeutung dieser Redensart sind mir dunkel geblieben. Sie findet sich ferner bei Méon II p. 301, v. 256, ib. II, 347 v. 501, bei DC-Carpentier unter erare.]

v. 333. ternir plet. [Darüber vgl. Martin, Besant p. 110 v. 280. Ich würde es an dieser und an den von Martin gegebenen Stellen mit „zu Herzen nehmen" übersetzen.]

v. 335. sor son pois [„über das Maas seiner Kräfte hinaus." In andrer Bedeutung im Besant v. 564, Anm. p. 111.]

v. 338. essor „frische Luft" [DC exaurare, Littré essorer] müsste natürlich ò haben und reimt in der That bei Chrestien mit òr (aurum); auch ist mir nicht bekannt, dass in der Vie d. a. peres die beiden o vermengt würden; dagegen dürfte man vielleicht annehmen, dass essor hie und da auch mit ó gesprochen worden wäre; denn aus au ist durchaus nicht immer ò geworden. joi (pr. gauta) in der Form gioes reimt mit lioes (lieues), von queue gar nicht zu reden; noe (nodat), desnoe (disnodat) reimt in Berte andrerseits mit roe (rauca). Natürlich setze ich voraus, dass die angegebene Bedeutung von essor passt.

v. 449. a l'uel li pent [vgl. Littré: pendre Nr. 4].

Druckfehlerverzeichniss.

Pag. 7 Zeile 14 lies : Miniaturen.
„ 10 „ 4 „ : Stengel, Mittheilungen aus französischen Handschriften der Turiner Universitätsbibliothek 1873, p. 8.
„ 10 „ 5 se, lies : le.
„ 15 „ 20. madame, lies : ma dame.
„ 19 „ 9 v. u. piene, lies : pierre.
„ 25 „ 10 v. u. blameet, lies : blasmees.
„ 29 „ 3 v. u. prouere, lies : proiiere.
„ 60 v. 2 so, lies : se.